Eduard Wagner 2017

Förord

Du kan se det hur du vill: Är det här memoarer eller är det bara ett händelseförlopp i mitt liv. Jag skulle vilja säga att jag vid den tidpunkt då jag hade upplevt detta trodde att detta var korrekt. Jag fick knappt några råd från släktingar eller vänner om det var rätt sak att göra eller inte. Men det var alltid en fråga om jag skulle ha tagit hänsyn till detta.

Naturligtvis, under de följande sidorna finns det alltid platser där jag är på gränsen till laglighet. Men eftersom dessa var för ett tag sedan och jag personligen står för vad jag gjorde eller inte gjorde då, så ser jag inga problem om dessa konsekvenser uppstår. Om det här är ett uppfyllt eller lyckligt liv är inte upp till mig, utan till läsaren, men jag kommer att dra en slutsats till slut.

Familj 1970

December 1959 föräldrahem

I slutet av 1959 såg jag dagens ljus i Wien,
även om jag var där men kan knappt minnas

det. Kom som andra född, min bror var redan 6 år gammal i en Donau Schwabisk familj. För att förklara mitt ursprung: I slutet av andra världskriget utvisades mina föräldrar från det som nu är Serbien av partisaner under pistolhot och deras liv hotades. Eftersom de tillhörde gruppen etniska tyskar (donauschwaber) var deras modersmål tyska, vilket betyder att de även kunde tala serbokroatiska. Deras förfäder bosattes för närvarande av Prinz Eugen i dåvarande Jugoslavien för att stärka infrastrukturen där, vilket de lyckades göra. Under andra världskrigets turbulens drevs de sedan ut av partisaner från både norr och söder med hot om livet. Vid det här laget hade de uppnått välstånd och rykte, där det inte fanns någon som helst fientlighet mellan jugoslaverna som bodde där och den tysktalande befolkningen. Mina föräldrar och deras familjer välkomnades 1944 med orden: Vad gör du där? Varför pratar du tyska så bra? Smyg dig hem. Då var det bara mottagandet av "utlänningar". Man kan inte längre föreställa sig idag. Väl tillbaka till mig. Hade en lätt barndom, åtminstone tills jag var 10 år. Min far ägnade sig åt sitt yrke, som han redan hade lärt sig i Serbien, och min mor var, som det fortfarande var bruk för då, hemmafru. Så långt mina föräldrars tillgångar tillät fick jag allt från leksaker till cyklar och liknande. På sommaren åkte jag till ett pensionat i södra Niederösterreich varje år med min bror och min mamma i två till tre veckor. Min pappa, eftersom han av ekonomiska skäl var tvungen att jobba i veckan, kom till oss i fredags med moped och blev kvar till söndagen. Det ska noteras att min far tog sitt körkort först 1972. På den tiden lärde jag också känna en familj som bodde nära pensionatet. Det var två döttrar i denna, en fem år yngre och den andra ett år äldre. Betyder att den äldre redan har träffat mig med blöjor.

September 1966 skola

Början på min skolkarriär. I grundskolan gick jag i en klass som bara var pojkar. En examen från dåvarande Pädag presenterade sig som lärare. Hon var ungefär 25 år gammal och en vacker kvinna så vitt jag kunde se vid den åldern. Jag kan fortfarande minnas en anekdot som chockade mig ganska mycket på den tiden. I början av min skoltid kom jag till min mamma och sa till henne följande: Du, mamma, läraren målade hennes fingrar klarröda. Hur kan man göra något sånt?

Bakgrunden var att läraren Ulrike bara hade målat naglarna, vilket ännu inte var vardag för mig på den tiden. Jag tror att min mamma vände sig åt sidan vid den tiden och var nog tvungen att le, och sedan förklarade för mig vad det handlade om. Jo, jag gick ut grundskolan med väldigt bra betyg, förutom att måla och rita. Men jag hade också respekt för "lärarinnan", som straffade förseelser med att "stå i hörnet". Vägen till skolan, då var allt fortfarande till fots, var alltid en utmaning, för det fanns alltid en, två eller tre skolkollegor som man kunde jonglera med på trottoaren.

September 1970 gymnasiet

Efter att jag fortsatte att drömma om drömjobbet "läkare" i den här åldern och mitt grundskolebevis var därefter, registrerade mina föräldrar mig i granndistriktet på gymnasiet. 1969 hade min far lämnat tillbaka sitt yrkestillstånd för reparation av läskvattenflaskor eftersom det inte längre var lönsamt och han övergick därefter till ett nytt jobb, nämligen att sälja dagstidningar. Det betyder att han sålde den största tidningen i vårt land som kolportör på kvällen fram till cirka 23.00 på en monter. Eftersom detta var halvvägs lönsamt började min mamma också sälja tidningar. Med detta kunde de spara sig mycket pengar genom åren, vi båda, det vill säga min bror och jag, välmåendet försummades inte. Nåväl, nu gick jag i första klass på humanistiska gymnasiet. På måndagar var det alltid matte och engelska efter varandra. Jo det gick halvvägs ett tag, men efter ett tag blev jag sjuk och mina föräldrar skrev en bekräftelse till mig på att jag var sjuk. Men eftersom lärarkåren inte tog detta papper från mig behöll jag det. Nu blev måndagen med engelska och matte mer och mer motbjudande för mig, så jag fick idén att gå "blå" den ena eller andra måndagen och inte gå till skolan. Jag tog sedan fram bekräftelsen på att jag själv var sjuk med mina föräldrars underskrift. Eftersom det mest var samma sjukdomar och signaturen inte längre var den bästa blev det som det skulle. Plötsligt fick mina föräldrar en kallelse att komma till skolan. Naturligtvis tillfrågades de om mina saknade dagar och de resultat som blev resultatet och de blev därför förvånade eller besvikna på mig. Konsekvensen av detta var att skolan dömde mig till en "katastrof" (4 timmars skrivstraff ensam i skolan). Så vitt jag vet finns den här typen av straff inte längre idag. Äntligen avslutades läsåret med två femmor. Så det betyder att jag var tvungen att upprepa 1: a klassen, eftersom det då fortfarande krävdes.

September 1971 internatskola

Efter denna avgörande händelse för mig träffades familjerådet i form av mina föräldrar och min sjuttonårige bror. Det skulle behöva skickas i förväg att min far gick på en tysktalande internatskola några år under sin skoltid i Serbien. Därmed gavs råd om vilken skola jag skulle fortsätta gå på. Eftersom jag naturligtvis vid 11 års ålder inte hade någon aning om eller bara begränsade vad som väntade mig, var jag tvungen att acceptera familjerådets beslut. Eftersom jag döptes protestantiskt från födseln, accepterades inte min registrering på katolska internatskolor, som skolbröder i Strebersdorf. Det här beslutet innebar att jag gick på en internatskola i 13:e distriktet, där även en humanistisk gymnasieskola ingick. Jag bråkade länge med detta beslut från mina föräldrars sida, eftersom jag var mer eller mindre inlåst där från söndag kväll till lördag middag. Om jag hade "trasigt" något under veckan så blev det såklart inget utfall på helgen heller. Lyckligtvis var det sällan fallet i 13:e distriktet. En sak var intressant i det här huset, eftersom chefen för denna institution var sonson till Adalbert Stifter (hans namn var detsamma). Den här regissören var en ivrig piprökare, där röken kunde luktas över hela byggnaden och med ökande intensitet visste vi att faran var överhängande. Jag tillbringade 3 år på Himmelhof, det var så internatskolan där hette. Sedan flyttade jag till internatet med samma namn i 2: a distriktet med samma lärare Franz, Där var dock sederna desamma som i 13:e distriktet. Det betyder att om det förekom missförhållanden från min sida under veckan så fick jag ofrivilligt tillbringa helgen med bestraffning på internatet. Eftersom tillsynen där inte var jättebra och jag har såklart också blivit äldre så blev det ofta helger på internatet. Vid den tiden, vid 13 års ålder, stiftade jag bekantskap med cigaretter, vilket också resulterade i att jag tvingades bo kvar i hemmet. Denna vänskap med nikotin har hållit kvar med mig till denna dag. Det hela gick någorlunda bra fram till 4:an och sedan fick vi en Kärntenlärare i biologi som precis avslutat sina studier. För oss elever mellan 14 och 15 år var hon förstås en utmaning vad gäller puberteten, eftersom hon var en vacker kvinna med motsvarande figur. Så jag lät mig ryckas med till ett uttalande under lektionen som gav mig det sämsta betyget i uppförande. Dessutom samlade jag även de sämsta betygen i olika objekt, så att jag fick göra om 4:an. Detta hade lyckats och eftersom detta inte längre lärdes ut i huset, var jag tvungen att gå i 5:an på den humanistiska gymnasieskolan i granndistriktet. Eftersom jag fortfarande ville bli läkare antog jag att jag skulle använda antikgrekiska, eftersom jag också gillade det latinska språket väldigt mycket. Det var intressant på den tiden att jag hamnade i en mixad klass för första gången, men det var bara 6 tjejer och resten av killarna. Första terminen var jag fortfarande lite sugen på att lära mig, men eftersom jag inte alls gillade antik grekiska såg betygen ut därefter. Det slutade inte bara med det här ämnet och så jag skulle ha behövt upprepa klassen, bara det var inte längre möjligt då. Så mina föräldrar bestämde, eftersom jag nu var 17 år, att jag skulle börja en lärlingsutbildning. När jag var omkring 16, då fortfarande på internatskola, blev jag kontaktad av Ernst, som var son till en vän till min mamma, om jag inte skulle vilja gå på folkdans varje fredag kväll. Det var förstås ett svårt uppdrag på internatet, eftersom det inte alltid var så att gå därifrån. Till sist fick jag äntligen gå ut på fredagen från 18–22. Folkdansen ägde rum i Donau-schwabernas hem i 3:e distriktet. När jag först kom dit hittade jag ett 30-tal unga män och kvinnor, varav jag var en av de yngsta. En infödd Donauschwaber presenterade sig för mig som ledaren, som repeterade folkdanserna med oss. Men eftersom jag var en utpräglad anti-talang när det gällde dans, hade den här mannen också sina svårigheter att lära mig det. Jag kan fortfarande minnas ett avsnitt där handledaren tog mitt lår i sin hand eftersom jag inte förstod sekvensen av ett alternerande steg. Förmodligen har ingenting förändrats till denna dag. Dessa kvällar studerade vi folkdanser med 8 till 10 par, som vi sedan framförde under balsäsongen i januari och februari. Med tiden utvecklades en grupp jämnåriga människor som bowlade två gånger i veckan i Wien Prater. Det innebär träning en gång i veckan och mästerskap på fredag. Eftersom vi hade en sponsor, ett rederi, kostade det oss inte så mycket. Omkring 1982 seglade sedan sju män och kvinnor med detta företag på ett 10-mannasegelfartyg från Split till Dubrovnik på sommaren. Varje dag den veckan åkte vi till en ö, tog en paus och körde sedan vidare. Det var en underbar upplevelse

Augusti 1972 helghus

Efter att min fars karriärbyte 1969 var framgångsrikt sparande kunde de spara en hel del pengar. Nu letade mina föräldrar efter ett litet helghus i Niederösterreich. De hittade vad de letade efter i södra Wienbassängen i en kommun med cirka 10 000 invånare. Den första åsynen slog mina föräldrar som ett fynd, men de kunde inte föreställa sig vad som kom härnäst. För mig som 12-åring var det förstås ett nöje, för det fanns massor av fruktträd och buskar på fastigheten som jag fick elda efter att ha sågat av, så att byggnaden från 1930 också kunde ses. Jag kan minnas att bränningen efter ett tag störde grannarna lite, på den tiden var detta fortfarande tillåtet. Men ja, vi var "wiener" som kom till Niederösterreich för att expandera. Tja, träden och buskarna eliminerades och man kunde se huset. Den hade nackdelen att den inte använts på flera år och var därför i ett ödsligt skick med golv och vind. När jag hade bränt allt tog jag min cykel och utforskade området med bergen som hörde till och fick köra förbi en arbetarboplats gång på gång. En dag frågade en kille som precis var där om jag kunde kliva av min cykel och sätta mig ner med honom. Jag gjorde som han hade bett om och satte mig ner med honom. Sedan kom fler killar och ett intressant samtal utvecklades. Från det här mötet utvecklades en vänskap under minst tio år och vi gjorde något annorlunda varje helg. Först med åren gick partnerna med, var och en av dessa vänner flyttade någon annanstans i Niederösterreich och vänskapen upplöstes.

Hus efter renovering

1972 första kyss

Eftersom mina föräldrar alltid ville åka på semester på sommaren bad de den evangeliska kyrkan i Wien att hela familjen hade samma tro. Detta resulterade i semester med hela familjen i Steiermark. Vi var inte den enda familjen där, det var ungefär 50 personer. Vi gjorde varje dag med alla utflykter och vandringar som alltid var trevliga. En dag när vi kom tillbaka från en utflykt lite tidigare pratade Angela med mig, hon var ungefär ett år yngre än mig. Hon sa att hon hade upptäckt ett bålgetingbo på vinden i huset där vi bodde och att hon var rädd att ensam titta på det igen, om jag skulle följa med dig. Tja, varför inte, ingenting kan hända. När vi stod framför detta bo vände hon sig plötsligt om och kysste mig på läpparna. Jag blev förskräckt, bara min mamma fick göra det och ingen annan fick göra det. Men jag höll det för mig själv ändå.

Vinterrea 1975

Eftersom min bror ville tjäna något utöver sin lön som banktjänsteman, körde han från en restaurang till en annan i 10:e distriktet och sålde den största dagstidningen där. Men eftersom vi var ett hjärta och en själ tills han var omkring 20, sa han att jag kunde sälja tidningar och köpa mina fickpengar. För att göra detta stod jag på en gågata i 10:e distriktet iförd en gul jacka och berömde mina tidningar. Vi gjorde sedan upp räkenskaperna för de 10 till 15 tidningarna på kvällen. Var inte särskilt lönsamt, men mina fickpengar höjdes som sagt.

September 1977 lärlingsutbildning

Min far kände personalchefen på en stor livsmedelsgrossist och producent i 16:e distriktet, som var välkänt på den tiden, och därför började jag en lärlingsutbildning som kontorist. Det första jag gjorde var att jobba med grossistredovisning. Jag hittade fyra män där i åldern 50 och där borta. Avdelningschef för detta var firmatecknare. Men eftersom jag precis kommit ut från internatskolan tidigare njöt jag av min återvunna frihet. Detta yttrade sig i att jag inte var så strikt med att få en natts sömn på fritiden. Det betyder att nu när jag hade en vän i Wien som hette Ernst så åkte vi nästan varje kväll på kvällen. Det var förstås sent att åka hem. Så min arbetsprestation dagen efter var i enlighet med detta. Generaldirektören, som jag satt med ryggen till, knackade på bordet gång på gång med kulspetspennan så att jag kunde jobba vidare. Med tiden blev dock arbetet med att bara lägga till 100 till 200 följesedlar på en hel dag för tråkigt för mig och därför bestämde jag mig för att prata med min chef om jag kunde flyttas över till en annan avdelning i företaget. Min begäran beviljades och jag förflyttades till teavdelningen. Där träffade jag en ung avsändare och hans chef var behörig firmatecknare. Här lärde jag mig inte så mycket om kontorstjänstemannen, men den gamla chefen lärde mig mycket om te. Så jag var tvungen att ställa in teprovningen varje morgon, som gick igenom en väldigt speciell ritual: Så jag började med att ställa upp minst 10 skålar med varmt vatten och lät sedan bara tillsätta exakt 2 gram te. Sedan gick herrn igenom och tog en klunk av varje skål, höll den i munnen och lät den rinna över smaklökarna. Med denna hantering kunde han bestämma kvaliteten på detta te och sedan beställdes motsvarande kvantitet. Under mitt arbete på denna avdelning tillkom en automatisk anläggning för tillverkning av tepåsar, vilket fascinerade mig mycket, eftersom det levererade teet på ena sidan låg i stora kartonger och i slutet de färdiga 20–25 tepåsarna kom ut packad. Men eftersom det var begränsat med vad jag kunde lära mig ville jag tillbaka till en ny avdelning och så kom jag till färskvaruavdelningen när jag var ungefär 18 år. Därifrån förbereddes frukt- och grönsaksleveranserna till de 250 filialerna dagligen. För att göra detta fick de enskilda butikerna förstås ta emot beställningar per telefon varje dag. Eftersom jag nu hade uppnått den ålder att jag fick arbeta övertid enligt ungdomsskyddslagen, anmälde jag mig till söndagsgudstjänster, som fick lämplig ersättning. Mina kollegor var ungefär i min ålder, så vänskapsband bildades snart. Så då och då gick vi och tog en drink efter vårt söndagsarbete, tills någon sa att han hade något med sig som bara kunde förtäras i stängda rum. Naiva som jag var då gick vi in i en lägenhet och satte oss på golvet i brist på sittplatser. Plötsligt tog nämnda kollega en cigarett ur fickan, tände den och gav den vidare. Intet ont anande lockade jag, precis som de andra, denna förmodade cigarett. Sen när den röktes ut fick jag besked om att det här var en joint. Min sammanfattning av det var bra, min godtrogenhet och framför allt hade jag inte känt någonting, så saken var avgjord för mig och jag rörde aldrig något sådant igen.

September 1978 Första lägenheten

Efter att min bror vid cirka 21 års ålder sagt att han inte längre skulle ha en fru och att han redan hade en egen lägenhet fick jag den lilla lägenheten på runt 35 kvadratmeter i samma hus där mina föräldrar bodde i Wien. Vid den här tiden började dock också där jag fick kämpa i ca 30 år. Å ena sidan hade jag engångsvänner under helgen i Niederösterreich och en vän i Wien. Med den sistnämnda gick jag ut nästan varje dag under veckan, och så blev det att vi inte gjorde så mycket olika saker. Vi gick då mest till barer där man kunde spela kort. Men eftersom det här blev lite tråkigt med tiden bestämde vi oss för att spela för pengar. Men det var inte heller tillfredsställande, så vi sågmaskiner i lokala maskiner där du kunde sätta in pengar och vinna. På den tiden kallades de enarmade banditer som fanns över hela Österrike. Ja, i början var det alltid mindre eller större vinster, men med tiden blev det förstås ett underskott. Framför allt upptäckte jag att sådana enheter också fanns tillgängliga i Niederösterreich. Och så började mitt beroende, absolut inte direkt, men med tiden hade jag passerat en gräns som jag inte var medveten om.

Maj 1978 färgblindhet

Vid den tiden var jag tvungen att gå till den österrikiska försvarsmakten för att drafting. På den tiden hade jag inga hälsoproblem, men då fick jag ett kort med olikfärgade prickar och jag blev ombedd att läsa en siffra och en bokstav från det. Men jag kunde inte göra det här, även om jag tittade på kartorna från olika vinklar. Det visade sig med andra ord att jag är färgblind, nämligen röd-grön-blind. Kommissionen har dock bestämt att jag skulle vara fullt kvalificerad. Ett halvår senare ville jag ta mitt motorcykel- och bilkörkort med min pappa. För att göra detta fick jag dock även utstå ett test. Bland annat fick jag ett annat färgkort som jag inte kunde läsa något från igen. Då sa de att jag skulle behöva genomgå ytterligare undersökningar, bland annat ett reaktionstest hos respektive förtroendenämnd och ett psykologiskt test i 3:e distriktet. Detta psykologiska provet hade ca 20 sidor och det var tråkigt att fylla i eftersom jag inte gjorde det. känsla för det. Mitt argument, som jag också uttryckte, var att jag är fullt behörig och jag får inte ha körkort, ja då skjuter jag dig bara för jag kan inte välja mellan rött och grönt. Vad jag vet är det bara det röda vid trafikljuset som alltid är på samma plats. Jag fick äntligen körkortet för minst en bil, jag gav upp det för motorcyklar, trots att jag hade 2 mopeder när jag var 16 och 17, och jag hade aldrig några olyckor med dem.

Oktober 1980 Federal Army

I början av oktober gjorde jag min värnplikt hos den österrikiska försvarsmakten i Martinek-kasernen (pension?). De första sex veckorna var grundläggande träning och dessutom ansträngande. När jag fyllde år i början av december hade jag jour, av allt, och det på en helgdag. Det betyder att ett 15-tal personer hade fått 20 skott skarp ammunition för var och en av vakthavande väktare. Nu fick jag sitta vid bordet och vänta på att en order skulle komma, säg att gå runt i baracken. Jag vet inte hur, men plötsligt stod det en 2 liters flaska med vitt vin på bordet och mina kamrater hejade på min födelsedag. Ja, men det var tyvärr inte den enda flaskan vi konsumerade. Det betyder att under nästa omgång av kontroller i kasernområdet blev stigen smalare och smalare och på slutet fick jag lasta av mitt gevär med 20 skott skarp ammunition i kryphålen. Jag hade inte klarat av det här själv, en kamrat hjälpte mig. Det hela förblev ostraffat förutom en tvångsanmälan med följande förmaning. Efter de första sex veckorna blev jag anvisad till presstjänstens kontor. Den här majoren var där på morgonen, men lämnade sedan kontoret och kom tillbaka en timme innan arbetets slut. Mitt jobb där var att leta efter reportage om suveränen i de olika dagstidningarna. Det var ingen tidskrävande uppgift, den blev klar ganska snabbt. Så jag kunde hinna med det jag hade väldigt lite under natten, nämligen sömnen. När jag flyttade in i oktober var jag 65 kilo fördelat på min längd. I området kring barackerna lärde jag känna Baden vin eftersom jag inte hade känt till det tidigare. När jag avväpnade efter 8 månader vägde jag inte 65, utan 72 kilo, vilket jag inte hade överskridit förrän idag.

September 1980 yrke

Jag hade framgångsrikt avslutat min lärlingsutbildning som kontorist, militärtjänsten mindre framgångsrikt, och så tänkte jag för mig själv hur jag skulle gå vidare. Nu blev jag intresserad av kvällskurser och började på en revisorskurs, vilket snart visade sig vara fel för mig. Så jag upptäckte att datorer hade en framtid och från 1980 till 1981 gick jag programmeringskurser på WIFI Wien, som gick varje kväll från 18.00 till 22.00. Jag avslutade detta med tentor åtminstone i Pascal, i Cobol klarade jag inte. Med intygen menade jag att jag hade bättre chanser på arbetsmarknaden och i slutet av augusti 1981 slutade jag mitt jobb på livsmedelsgrossisten. Jag fick genast jobb igen som kontorist i ett företag som tillverkade rör och kopplingsdosor som låg i 5:e distriktet. Efter ungefär ett år flyttade vi till 11:e distriktet, där även detta företags fabrik låg. Där hade jag en sympatisk äldre företagare som hade försökt om och om igen att inspirera mig. Men när han gick i pension kom en kvinnlig civilingenjör som hans efterträdare. Detta hade som mål att göra besparingar och så kom det sig att jag fick sparken efter två år och nio månader. Då fanns fortfarande avgångsvederlag med minst två löner, men först efter tre år i företaget. Så jag fick se mig om efter ett nytt jobb och fick reda på det i dagstidningarna. Sedan hittade jag ett jobb där förvalet gjordes på ett testpsykologiskt institut. Så jag kom till detta institut i början av maj 1984 och fick ett paket med 20 sidor med tester att fylla i. Efter att ha skrivit några inlägg i denna tidning tänkte jag för mig själv att jag redan hade hållit dessa pappersark i min hand. Och precis så var det, år tidigare fick jag göra samma prov för att ta körkort och den dagen för att söka jobb. Låter lite konstigt. Efter att ha utvärderat min information blev jag tillfrågad om en intervju i 8:e distriktet. Förutsättningen för denna tjänst var att det endast var en ettårig föräldraledighetsvikar. Där fick jag redogöra för stipendiaterna som arbetade på forskningscentret i Niederösterreich och även sköta bankboken. Men eftersom det hela var en lite för liten utmaning för mig siktade jag på ytterligare uppgifter. Dessa inkluderade ekonomi, budget och tillgångsredovisning. De datorspråk jag hade lärt mig, som jag hade tillägnat mig flera år tidigare, användes inte eftersom detta förhindrades av den befintliga "programmeraren". Så det första året av mammaledigheten gick mot sitt slut och min dåvarande chef, som jag nu hade en sten i styrelsen med, förlängde mitt kontrakt utan att tveka. Men eftersom kontoret i 8:e distriktet stängdes ungefär ett år efter att vi gick med i detta företag (halvoffentliga), var vi tvungna att flytta till Niederösterreich. Vi hade möjlighet att använda företagsbussen från Wien. Men jobbet började inte förrän 08:30 och det var för sent för mig. Så jag pratade med en kollega att vi skulle köra till jobbet tillsammans med min 2: a bil. Därmed bidrog hon till resekostnaderna. Det innebär att gå upp ur sängen varje arbetsdag klockan 06.00, köra 35 km ut och 35 km tillbaka på kvällen, oavsett väder. Men eftersom jag överhuvudtaget värderade detta arbete i Niederösterreich accepterade jag det. Den tid jag tillbringade där var inte bara professionellt utan också personligen det erfarenhetsrika arbetet som jag hade i mitt liv, speciellt eftersom jag hade lärt mig mycket av det. Inom redovisning, så hette avdelningen där jag jobbade, det var runt 15 kvinnor och bara 2 män, vilket till en början påverkade mig mindre. Under åren blev jag dock vän med en kollega som jobbade två rum bort. Hon var cirka 2 år yngre och ganska smart, bodde nära sitt arbete med sina föräldrar i ett tvåfamiljshus. När det kom, blev det mer vänskap. För det mesta stannade jag hemma hos henne, men fortsatte att gå tillbaka till min lägenhet i Wien. Så en dag berättade hon för mig att hon var gravid med mig. Jag var då ungefär 26 år och han såg det som min plikt att fria till henne eftersom hon tackade ja. Vi letade redan efter en kyrka eller ett registerkontor och bestämde mer eller mindre ett datum för vigseln. I sällskapet ryktades det såklart i smyg att det var något på gång som jag inte riktigt gillade. Men eftersom det från hennes sida bara var ett uttalande om graviditet och jag inte kunde se eller höra något annat under loppet av månaderna, blev jag skeptisk till om detta skulle vara sant. Nu blev dessutom "trycket" från kollegorna större och större. Jag beslöt därför i slutet av 1987 att lämna tjänsten efter tre och ett halvt år och låta henne ta företräde i företaget, eftersom hennes kvalifikationer var sämre än mina. Det blev förstås inte heller någon avräkning av två löner, eftersom jag själv hade sagt upp mig. Jag kollade den påstådda graviditeten av min dåvarande flickvän en tid senare, men hon var förmodligen aldrig gravid. Jag var ledsen för den här tjänsten för jag hade lärt mig mycket, även om förutsättningarna inte alltid var de bästa.

Januari 1988 anställd av far

Eftersom min pappa var 58 år i år bestämde jag mig för att börja arbeta hos honom som kontorist, vilket innebär att jag var mer eller mindre egenföretagare vid det här laget, eftersom en pappa inte kan göra för mycket för sin son. Eftersom jag hade bokföring på yrkesskolan bestämde vi att vi skulle sköta bokföringen själva. Vår skatterådgivare hade endast till uppgift att upprätta respektive deklaration eller balansräkning och lämna in den till skattekontoret. 1989 sa samma skatterådgivare att ett belopp på 0,25 S i balansräkningen bara var ett Musse Pigg-belopp och därför var irrelevant. Så vi sade upp vårt kontrakt med honom och under de närmaste åren gjorde jag själv upp inkomstdeklarationerna och den resulterande balansräkningen, den enda nackdelen med detta var förstås att jag inte hade någon erfarenhet av detta. Så året därpå fick jag ett brev från det ansvariga skatteverket. När jag öppnade den läste jag ett krav på 1,5 miljoner schilling i efterskott. Som tur var satt jag när jag öppnade detta brev. Jag gjorde ett kommafel när jag fyllde i det relevanta formuläret. Efter cirka 4 till 5 möten rättade jag till det. Under denna tid hade jag runt 100 kolportörer (kunder) som jag fick leverera varje dag, väldigt få hade tid att komma till våra affärslokaler i 20:e distriktet. För att förklara en kolportör var en person som sålde dagstidningar på kvällen eller morgonen med färgade jackor på torg, tågstationer och gator. För mig ansågs de alltid vara självständiga köpmän. Det betyder att de köpt tidningar av mig, det vill säga periodiska trycksaker, till en viss rabatt och sedan sålt dem till ett fast slutpris som anges på varje produkt. Nackdelen med denna bransch är att det finns 100 procents returrätt. Om en kund köpte 10 stycken av en tidning av mig och bara sålde 5 av dem kunde han lämna tillbaka resterande 5 stycken till mig när tidningen var ny och dessa kvittades sedan mot. Självklart hade jag även rätt med mina leverantörer som grossister och förlag. Det hela var givetvis förknippat med oerhört mycket tid och framför allt med en noggrann kontroll av respektive fakturor. En 50 till 60 timmars vecka var alltså inte undantaget, utan snarare regeln.

September 1992 egenföretagare

Min pappa var 62 år i år och jag var tvungen att argumentera mycket för att han äntligen hade gått i pension efter 47 års insatser. Det skulle inte ha gett honom särskilt mycket ekonomiskt. Så jag tog över den här tidningsgrossisten med två handelslicenser, det fanns ingen annan väg då. Innebär två medlemskap i kammaravdelningen och som ett resultat två avgifter för den. Sedan två till tre år senare dök en konkurrent upp. Denne herr Robin fick möjligheten att sätta upp ett eget kolportage från en mindre dagstidning.

Han försåg med andra ord flera utländska personer med jackor och dagstidningar och distribuerade dessa människor över hela Wien. Med tiden fick jag dock veta att denne man inte gav platserna fria åt folket utan krävde en deposition i 5 till 6-siffriga skillingsbelopp av varje enskild och det redan innan en plats anvisades honom. Eftersom detta så vitt jag vet bara skrevs väldigt sparsamt i skrift så misstänkte jag redan vid det här laget att detta skulle gå fel någon gång. Eftersom detta inte berörde mig särskilt mycket, lät jag honom styra. Så en dag kom han fram till mig och sa att vi kunde göra motaffärer, vilket jag inte hade något emot. Jag fick tidningar från några wienska förlag på goda villkor och det var inte särskilt annorlunda med honom. Detta gick bra ett tag, han levererade till mig, jag till honom och det kvittades mot. Men en dag, det var inte jättemycket att få tag i, telefonen ringde och Robin stod på linjen. Han sa att jag fortfarande var skyldig honom något och att han ville göra anspråk på det. Det gjorde mig så arg att jag sa att jag avslog min begäran och inte ville höra från honom längre. Ja, det var bara min önskan. Han anställde fler och fler araber, pakistanier och indier och gick sedan till mina två huvudleverantörer.

Bakgrunden till detta är att när jag började jobba i tidningsgrossistverksamheten så pratade jag med dessa två leverantörer för att få den 4,9% högre rabatten. Det betyder istället för 28,2% den högre med 33,1% brutto. Min begäran om det förblev obesvarad även när jag körde till huvudkontoret för en leverantör i Salzburg, jag hade då uppnått rabatthöjningen cirka 10 år senare. Mr Robin gick till dessa två leverantörer med vad som helst och fick genast den högre rabatten, vilket samband var tydligt för mig, men jag kommer inte att ge den här från mig.

Affärslokal i 20:e distriktet med far

November 1988

Jag var nu 28 år gammal, mina Niederösterrikiska vänner hade delat upp över hela federala staten, dels av yrkesskäl, dels av partnerskapsskäl, och så var jag ensam. Återigen var det en sån intetsägande lördag och då fick jag tanken att det bodde två tjejer där 30 kilometer bort, som jag kände redan från barndomen när jag tillbringade sommaren med min bror och mamma i Niederösterreich. Så jag satte mig i min bil och körde till den här staden med 800 personer. Jag hittade inte bara två tjejer, utan tre. Den äldre kvinnans vän var på besök. Efter en kort stund kom jag med förslaget att vi kunde gå och dansa. Kompisen sa att hon var trött och fick åka hem till sin man. Så jag hade de två kvar och efter en tid av smink och styling var det dags. Vi körde min bil cirka 60 kilometer till granndistriktet, det fanns väldigt lite i området i detta avseende. Nåväl nu satt jag där på diskot med två tjejer, den ena fem år yngre och inte nödvändigtvis snygg, och den andra ett år äldre och ganska "uppklädd". Nu hade jag inget annat val än att växla mellan att dansa med den ena och sedan med den andra, och det för mig, när jag var en så duktig dansare. Under kvällens lopp, det var redan efter midnatt, den 13 november, när jag satt vid bordet, märkte jag att ena knäet hela tiden stötte mot mitt och sedan stannade det. Jag tror att de nästa danserna fullbordade de äldres närmande och det kom som det skulle. Det var underbart. Detta varade sedan i drygt 20 år.

Hösten 1995

Eftersom min konkurrent blev mer och mer aggressiv när det gäller försäljning av tidningar och tidskrifter, och han tog till högre rabatter för sina kolportörer, var jag också tvungen att reagera. Som tur var hade jag på den tiden några österrikiska förlag som jag kunde leva på, för då fanns det åtminstone inget att göra med nämnda grossister. Detta tog sig uttryck i att jag bara kunde sälja mina varor gömt, för varje gång jag kom till mina kunder - och det har de varit i åratal - fanns det alltid en arab som kunde anvisas till Robin-företaget, med min köpare och förhindrade därmed min försäljning. Så jag var tvungen att få mina tidningar till rea i omväg, eftersom köparen av mina varor skulle ha drabbats av ekonomiska nackdelar om de sågs köpa av mig. Men eftersom intellektet hos dessa tillsynsorgan inte nödvändigtvis var det högsta, fortsatte jag att ta upp mina varor, även med svårigheter. På den tiden kunde jag öka försäljningen (ca 600 000 Schilling balansomslutning) och antalet tidningar enormt, så att min huvudleverantör kom till mig i en stor lastbil i 20:e distriktet, där jag hade tagit över min fars affärslokaler. Ofta fanns det 2 lastpallar med 10 000 magasin. På den tiden hade jag klättrat så långt, förmodligen av tävlingsskäl, att veckan sträckte sig från måndag till söndag. Min sambo Britta, sedan 1988, hade med rätta klagat på det och det var jag tvungen att ändra på, och så tog jag i alla fall helgen. Men eftersom jag är lite tjock i huvudet och jag ska göra det jag tänkt mig. Så det blev som det skulle. I februari 1998 såg jag av en slump att en av de två huvudleverantörerna hade slutat leverera till Robin-företaget. Några dagar senare kunde jag officiellt konstatera att Robins företag var i konkurs. Konkurssumman var 35 miljoner ATS. Detta belopp inkluderade förvisso bara en liten del av de insättningar som herr Robin och hans anställda tog från kolportörerna. Det ryktades att han hade stulit omkring 15 miljoner schilling från sina 100 till 200 kolportörer. Jag fick också veta att den här mannen efter konkursen bara vågade gå ut på gatan med livvakter, förmodligen på grund av de undanhållna depositionerna. På grund av konkursen var de plötsligt redo att ge mig den högre rabatten på 33,1 brutto. Ja, men då var det redan för sent.

Juli 1998 semester

Efter att jag aldrig var ett fan av att åka på semester, hade jag ändå en 2-veckors semester på Kreta, vilket till denna dag förmodligen var det vackraste i mitt liv hittills. Det var också några upplevelser som fastnade i mitt minne: Vi, min sambo Britta och jag, hade lånat en moped. Det enda dumma var att det var en halvautomat. Med andra ord, vi satt båda på det här fordonet och jag lät tydligen kopplingen komma för snabbt och så satt min sambo på golvet. Nåväl, ja, halvvägs genom det första hindret. Hyresvärden berättade att vi bara fick köra inom 50 kilometer. Vi hörde det och började vår resa. Men eftersom den här ön har nackdelen att man till skillnad från oss fick köra upp på varje berg och tillbaka ner igen, så det gjorde vi också och de 50 kilometrarna glömdes bort. På toppen av berget tog vi en paus och satte oss på gräset. Då sa Britta plötsligt att hon sett något orange i den närliggande lunden. På ett ögonblick klättrade vi under staketet och hittade en apelsin som tydligen förbises under skörden. Självklart valde vi dem direkt. När vi skalade den kom en otroligt stark lukt i näsan och framför allt var njutningen av denna frukt obeskrivlig. Sedan körde vi vidare, för vi ville verkligen åka till grannberget till ett kloster. Nu var det middag och solen gasade ganska hårt. Vägen var inte asfalterad, det var en grusväg. Ändå fortsatte vi vår resa. Plötsligt märkte jag att mopeden inte längre reagerade som jag ville. Vi hade en "lägenhet". Det fanns inget långt borta. Så vi fick skjuta fordonet i högsta värme till nästa bensinmack, som var säkert 5 kilometer bort. Vi hade inte berättat något för hyresvärden om vad som hände oss, men det var en upplevelse för oss båda. Några dagar senare höll hotellet vi bodde på en jeepsafari. Såvitt jag kan minnas var det minst 10 jeepar packade med mat och vi körde över ön från norr till söder och öster till väster tills vi kom till Elafonisi (Kretas Maldiverna). Ja, vi hade tillräckligt med mat, från kött till sallad, men det som saknades var besticken. Så gick kvinnorna till havet, tvättade händerna och lagade salladerna med händerna. Det smakade i alla fall gott. Ett år senare, återigen i juli, åkte vi på semester till Lanzarote. Vi trivdes inte så mycket där, eftersom hela området verkade väldigt sterilt för oss, vi kunde inte bada i havet heller, vattnet var väldigt kallt (Atlanten). Och igen ett år senare än juli 2000 bodde vi i ett pensionat i Steiermark några dagar, varifrån vi gick på några vandringar. Sedan dess har jag knappt haft någon semester, förutom 2017 till Italien om några dagar med buss, vilket såklart var mer ansträngande än att ta flyget.

Augusti 2000

När vi kom tillbaka från vår österrikiska semester (3 dagar - Österrikeresa) i juli 2000 berättade Britta att hon hade ont i magen och att hon redan hade en tid hos gynekologen om detta. Efter det här mötet ringde hon mig direkt: Jag var såklart orolig och hon sa: Vad bra. Vad skulle det vara? Hon sa att jag ska bli pappa. Jag blev förvånad, men vi båda tog det för givet att vi skulle finnas där för det här barnet. Ämnet abort togs aldrig upp, och det var bra, åtminstone när jag fick reda på det. Förfallodagen sattes till början av mars 2001. Den 24 februari 2001, en lördag, väckte Britta mig på morgonen och sa att det var dags. För mitt jobb hade jag en skåpbil som började på flera år. Det snöade också en del dagen innan. Så vi körde cirka 50 kilometer till sjukhuset utan värmare i bilen, för det fungerade inte. När de kom till sjukhuset insåg de att det skulle ta ett tag. Så vi gick bara en promenad i snön i komplexet. På kvällen lämnade jag henne med begäran att jag skulle få besked, oavsett tid på dygnet, om han skulle komma. Inget samtal kom, så jag körde till sjukhuset klockan 8 på Mardi Gras. När jag öppnade dörren till hennes rum hälsade hon mig med ordet: Överraskning! En stund senare öppnades dörren igen och en sköterska förde min son till mig. Det jag kommer att minnas för alltid var ögonblicket när jag höll den i mina händer för första gången. Obeskrivlig.

Min son på 10 månader

1990 - 1991 lägenhet

Fram till dess bodde jag i den lilla lägenhet som jag hade när jag var 18 år. Men eftersom fastighetsförvaltningen och hyreshusets ägare ville ha en allmän renovering av huset fick jag flytta en våning ner till en lite större lägenhet. Min lägenhet slogs samman med grannlägenheten med löfte om att jag kunde flytta tillbaka in i den 70 kvadratmeter stora lägenheten efter att arbetet var klart. Detta observerades också och 1991 flyttade jag in i denna lägenhet. Men eftersom mitt missbruk blev värre med åren, vilket jag inte var medveten om då, hamnade jag efter med hyresbetalningarna. Så det kom, som det måste komma, till en vräkningsprocess. Britta och jag letade lägenhet. Hon hittade det hon sökte i en annons i en tidning. En etagevåning i 2: a distriktet med en hyra på cirka 10 000 schilling. Jag påpekade att jag inte hade råd, men det var inte nödvändigtvis accepterat. Därför lämnade jag tillbaka lägenheten i 20: a distriktet utan vräkning och flyttade till 2: a distriktet. Men eftersom min passion för spel inte hade förbättrats, utan snarare förvärrats, ställdes jag snart inför samma resultat som i 20:e distriktet. Så jag letade själv efter en Garcionerre i 20:e distriktet som jag kanske skulle ha råd med.

1980 – missbruk

Det hela började i det små, kastade några schilling i en maskin och vann kanske något en gång, men kastade det direkt tillbaka i den här hinken, för den stora vinsten kommer. Det tog mig runt 15 år att inse att jag var spelberoende. Min sambo Britta uppmuntrade mig att gå i terapi, men jag var också tvungen att erkänna att jag var beroende av detta. Så jag sökte hjälp från Gamblers Anonymous. Det var gruppterapier en gång i veckan och individuella terapier efter överenskommelse. Den individuella terapin orsakade ett nervöst sammanbrott hos mig eftersom jag aldrig upplevt något liknande tidigare, speciellt eftersom terapeuten hade gått väldigt djupt. Gruppterapin var inte nödvändigtvis lyckad eftersom jag satte mig i bilen efter passet och hamnade i ett arkadspel igen. Så jag såg ingen mening med den här terapin. Tydligen var jag tvungen att göra mer i detta avseende. Britta frågade mig om framsteg med denna terapi, eller om jag hade slutat spela. Jag svarar på detta med "ja", att jag skulle ha slutat spela. Så vitt jag vet var det enda gången under 20 år av partnerskap där jag hade ljugit för henne. Men jag hade också för vana att på ett skickligt sätt undvika känsliga frågor, särskilt de av ekonomisk karaktär. Så på den tiden såg jag ingen utväg och tankarna på självmord kom närmare och närmare.

Juni 2001 i konkurs

Den 15 februari 2001, tio dagar innan min sons födelse, hade jag en konkursförhandling. Detta föregicks av att jag lämnade in mitt eget initiativ eller min kommersiella förståelse. Jag pratade med domaren om detta och vi kunde uppnå en kompensationsgrad på cirka 13,84 % som vi kunde erbjuda borgenärerna. Vid denna förhandling i handelsdomstolen i Wien var två borgenärsrepresentanter från ett 20-tal borgenärer närvarande. Den erbjudna kvoten accepterades inte av både kreditskyddsföreningens advokater och AKV. I mitten av juni 2001 bad de kommunala myndigheterna i 20:e distriktet mig att lämna tillbaka de två handelstillstånd som jag haft i nästan 9 år. Anledningen till detta var att jag hade samlat på mig en hel del skulder över tiden. Jag gjorde detta och blev sedan inskriven som arbetslös. Min pappa, som då var pensionär, köpte åter sin handelslicens för tidningsgrossisten. Och så fortsatte affärerna, men det hindrade mig inte från att spela och framför allt från att göra något åt det.

2000 magistrat / ekonomi

Runt millennieskiftet kom mina kunder hela tiden till mig och bad om bekräftelse på sin inkomst. Med andra ord kräver respektive kontor motsvarande inkomstbevis vid förlängning eller återinlämning av uppehållstillstånd. Det förväntades officiellt att en person som bor i Österrike skulle ha en minimiinkomst på 700 €. För mig var det lätt att avgöra eftersom det fanns en fast rabatt och butikspris. Så jag skrev dem till dig om beloppet var tillräckligt och du fick ditt motsvarande papper från magistraten. Ingen dag hade jag fått pengar för att ge ut detta papper, åtminstone inte förrän 2006. För mig var dessa personer också oberoende handlare och var också tvungna att överföra det belopp jag hade skrivit till bedömningskanalen. Om de faktiskt praktiserade det är bortom min kunskap. Men jag definierade också detta på de tidningar som visas.

Mars 2006 min fars död

Den 25 februari 2006 kom mina föräldrar till oss, Britta, min son Gregor och jag till Niederösterreich. Min sambo bjöd in henne till min sons 5-årsdag. Efter att ha gått i pension 1992 gick min far upp cirka tio pund. Han var inte tjock, men njöt av måltiden till fullo. Naturligtvis hade min son fått reda på detta redan när han var 5 år, så han bombarderade min pappa med bakverk vid mellanmålet. Morfar ta tårtan, jag vet att du gillar att knapra också. En kvart senare kom han med en munk och farfar tog den och åt. Nästa morgon i butiken vid 7-tiden var pappa redan där, som vanligt. Vi satte oss i bilen och körde till en kund. På bilresan berättade han att han hade sovit så dåligt den natten. Dessutom gick han upp varje halvtimme för att gå på toaletten med motsvarande bröstsmärtor. När vi var tillbaka i verksamheten en timme senare bad jag honom omedelbart gå till vår läkare på samma gata för att ta en titt. Jo, ja, det var vinter den 26 februari 2006 och min far gick till doktorn med stor motvilja bara i sin tröja. Efter en timme ringde min telefon och det var hans tur. Jag borde ge honom en jacka till internläkaren på gatan, för husläkaren skulle ha skickat honom till internisten omedelbart med misstanke om hjärtinfarkt. Denna läkare lät sig inte föras dit för diagnos och ringde omedelbart ambulansen för att föra dem till ett sjukhus. Framme vid sjukhuset bekräftades misstanken som de två läkarna misstänkte. Där kontrollerades han i 11 dagar och släpptes den 10 mars, en fredag. Den 13 mars på morgonen, som alltid, kom jag in i butiken runt 07.00 och min pappa var redan där. Eftersom det första jag gjorde på morgonen var att sätta ner en kaffe, så gjorde jag det den dagen också. Under tiden märkte jag att min pappa gick in på toaletten i korridoren. Som vanligt dukade jag upp en fika till mamma på första våningen i samma hus och gick till baksidan av butiken i trapphuset. Jag märkte att ljuset var på i vår korridortoalett (ogenomskinligt glas) och jag visste att det bara kunde vara min pappa, men det hade gått 10 till 15 minuter när jag såg honom senast. Jag gick sedan till mina föräldrars lägenhet och pratade med henne en stund. När jag passerade toaletten igen var lampan fortfarande tänd och gick in i affären, men ingen var där. Så jag gick på toaletten igen och knackade på fönstret, men det kom ingen reaktion. Under tiden hade grannen som bodde bredvid kommit ut från hennes lägenhet. Men eftersom det inte var någon reaktion på toaletten hade jag inget annat val än att krossa dörrrutan med armbågen. Då såg han honom redan sitta lutad mot väggen och med blod från näsan. Grannen ringde genast ambulansen och tog även med mig kläder till korridorgolvet så jag kunde ta på mig det. Räddningen var där ganska snabbt och man försökte få tillbaka honom med hjärtstartare, men förgäves. Ambulansen meddelade läkaren att han skulle fastställa dödsfallet. Under tiden kom även polisen dit en man stod bredvid den döde tills läkaren kom. Detta kom efter ca 3 timmar. Den första av hans frågor var om det fanns några nya fynd som jag naturligtvis kunde svara på. När han hade tittat igenom den sa han: Med cocktailen var detta inget överraskande och att dö i Wien i måndags var ogynnsamt, eftersom vi har en trafikstockning. Om jag inte hade varit i sorg hade jag inte kunnat kontrollera mig över sådana uttalanden. Men det som ändå berörde mig var att jag var tvungen att berätta för min mamma som var i hennes lägenhet. Och nästa problem var att informera min bror, som varit utan kontakt i cirka 20 år, att vår pappa hade dött. Han hade hamnat i konflikt med sina föräldrar om det arv han hade rätt till. Men han var där inom en timme utan några dåliga ord. Den 24 mars 2006 fick vi honom begravd på Wiens centralkyrkogård. Sedan när kistan sänktes hade jag en avgörande händelse. Jag ärvde mycket av min pappa, bland annat att vi inte kan prata om problem och att vi hela tiden undvek dem, nu var det för sent.

Mars 2006 utpressning

Den 14 mars lämnade jag tillbaka min fars två handelslicenser till ansvarig magistrat i 20:e distriktet. Jag kände redan till hanteringen i detta avseende. Den 20 mars ringde min telefon och numret undanhölls. I andra änden fanns en man som inte sa till mig något namn, trots att jag frågade flera gånger under samtalets gång. Han sa att jag skulle fortsätta skriva de bekräftelser som jag har skrivit sedan millennieskiftet. När jag frågade varför jag skulle göra det berättade han om omständigheterna på platsen där min son växte upp som man bara kunde veta om man var där. Tex när han gick till dagis idag och liknande. Det gjorde mig såklart förbannad och jag hotade honom. Hans svar var bara att efter det förra samtalet skulle han skicka en utlänning till mig och jag skulle behöva utfärda en bekräftelse. Jag skulle behöva ta ut 10 € för en månad och 15 € för flera månader, som dessa personer sedan skulle betala. I början vägrade jag förstås och hävdade att jag inte längre kunde skriva det eftersom jag inte hade rätt till handeln, men med tiden blev informationen om min son, vad han gjorde, mer och mer verklig och jag fick anta att han vistades nära Gregor, vilket bevisades ett år senare. I byn med cirka 800 invånare och en yta på 34 kvadratkilometer drar naturligtvis främlingar till sig uppmärksamhet, särskilt när de kör framför offentliga byggnader, som en skola eller dagis. Nu hade jag valet att gå till polisen och göra en anmälan, om det accepteras, och skydd för min son kommer att tilldelas i en vecka eller två, och sedan måste jag darra om mannen kan komma på något. Det andra alternativet var att jag skulle göra det på mitt sätt, vilket jag läste mig själv för att göra oavsett konsekvenserna. Så samtalen kom flera gånger i veckan med undertryckta nummer och utlänningarna, som jag bara kände delvis, fick sina bekräftelser mot betalning. När jag frågade personerna var de hade kontakt ifrån fick jag ingen information. Så jag bestämde mig för att följa dessa människor, men åtminstone i början var detta hopplöst. Under tiden, det var redan hösten 2007, min son gick i grundskolan. I byn observerades en man på olika ställen där man antog att han var pedofil, då han sågs upprepade gånger i skolan eller på dagis. Men det här var ett misstag, det hela var menat för mig. En fredag efter skolan, som alla skoldagar, tog min son skolbussen hem. Eftersom vägen ca 500 meter från utgångspunkten till bostadsorten inte var helt synlig kom det plötsligt en bil från sidogatan, stannade hos min son och passagerardörren öppnades. En man pratade med honom och ville ge honom godis. Min son reagerade en gång och sprang direkt mot huset där min sambo hade väntat på honom. Hon såg fordonet och ringde även polisen, bara tills de kom var föraren över bergen trots återvändsgränd. När min son berättade detta samma dag, fredag kväll, pratade jag med min sambo om det och sa till henne att detta inte var en pedofil, det skulle ha gällt mig, men hon höll sig till pedofilens version.

13 december 2006

Det var en fredag och igen en 13. Jag satt i butiken som hade två utgångar, en till husets innergård och en till gatan. Jag skrev på mina program, som jag har gjort under en lång tid, och absorberades därefter. Plötsligt knackade det på gårdsdörren, jag hade låst den andra dörren. Det var runt lunchtid och antog att det var en hemmafest. När jag öppnade dörren stod det en ca 190 cm lång man med ett välvårdat utseende. Han identifierade sig med sitt namn och ID som "officiell direktör" för Wiens skattekontor. Nu sa han med ett A4-papper i handen att han höll en bekräftelse i handen där min företagsstämpel och min signatur fanns på den. Han hävdade också att det var tryckt på båda sidor. Han frågade också om han fick komma in, vilket jag inte tackade nej till. Men då var jag tvungen att omedelbart motbevisa hans påståenden. Dels hade jag aldrig gett ut papper ur handen som var tryckta på båda sidor, dels hade jag inte heller stämplat på sådana brev som redan fanns med i programmet som jag skrivit. för dem själv. Jag hade aldrig brevet som detta påstående grundades på. Nu sa han om han kunde titta in i min monter-PC, vilket jag inte tackade nej till. Han ville också titta på och fota mina kontoutdrag, som jag hade på hyllan bakom mig, vilket jag inte tackade nej till, eftersom jag inte var medveten om någon skuld. Nu började han ta sina minuter. När han frågade hur sådana inkomstbekräftelser kommit till, från när och varför, avslutade han besöket med frågan om vad jag skulle ha fått för det, och han menade inte bara pengar, utan också naturgods. Vad ska jag svara honom nu, för under tiden insåg jag att han behövde sin känsla av prestation, och å andra sidan hade jag fortfarande min utpressare vid det här laget, som satte mig under en hel del press. Så jag besvarade hans fråga med svaret: Jag har inte fått något tillbaka. Hans reaktion var att han inte trodde på detta. Året därpå kom han till min butik två gånger till utan föregående meddelande och fortsatte att leta. Förra gången frågade han om han fick ta med sig stativ-Pc:n till skatteverket, vilket jag svarade jakande efter en stund att tänka på. Dags att tänka på att det inte nödvändigtvis skulle ha varit fördelaktigt för datorn, men jag hade såklart inget att dölja. Jag hade den i fungerande skick igen inom två dagar, men han berättade inte för mig om något olagligt hittades eller inte. Så långt så bra eller inte. Hösten 2007 kom då en "inbjudan" till skattekontoret i 22: a distriktet. Där erbjöd han mig resultatet av sin skatterevision, som det heter på finanstyska. Han hade redan indikerat för mig att han skulle behöva uppskatta mig om jag inte berättade för honom vad jag skulle göra för att utfärda resultaträkningar och därför kom vi överens om detta namn. Hans uppskattning var att han trodde att jag skulle ha fått 100 € för varje bekräftelse, från och med 1998 och fram till 2008. Så det betyder en inkomst på 40 000 € och "tillmötesgående" kostnader minus 50 %. Så, i hans ögon, hade jag tjänat € 20,000 år efter år med detta arbete, vilket också återspeglades i motsvarande inkomstskatt blygsam. I ett slag hade jag två anspråk från skattekontoret och sjukförsäkringsbolaget på ett 6-siffrigt belopp, mot vilka jag omedelbart svarade genom att vädja till den dåvarande finanssenaten som skattekontoren på högre nivå, i dag är det, såvitt jag vet, den ekonomiska åklagarmyndigheten. Alla förordnanden, och det var 9 år vid den tiden, avslogs eller avvisades av de enskilda ämbetena. Staten eller dess tjänstemän har för det mesta rätt, medborgaren knappast. Vad jag dock inte hade förväntat mig då var det faktum att den här officiella direktören inte bara såg det som ett ekonomiskt brott, utan också som ett brott mot lagen. Efter att ha avslutat sin undersökning 2008 vidarebefordrade han de uppgifter han hade konstruerat, för vilka han aldrig kunde tillhandahålla bevis, till Wiens åklagare i syfte att kontrollera olagligheten. Utöver mina uppdrag 2008, för åren 2006 till 2008, när jag äntligen fick tag på min utpressare, upprättade jag inkomstdeklarationer för dessa 3 år för totalt 2 500 € i inkomst från upprättande av resultaträkningar, som har inte beaktats till denna dag. Under åren 1998 till och med 2005 hade jag inget intag på grund av denna omständighet. Även denna åklagarmyndighet reagerade i form av respektive tingsrätt, där jag mellan 2009 och 2011 "ombads" att inställa mig som vittne till ett hundratal stämningar. Processen där var alltid densamma. Grunden i mina förhör vid respektive domstol var alltid densamma. Jag fick frågan om jag hade gett ut detta papper och naturligtvis varför. Det satt alltid en utlänning mitt emot mig som bland annat anklagades av Kommunavdelning 35 för att ha skaffat eller köpt uppehållstillstånd med en sådan bekräftelse. Papperet som denna process baserades på presenterades för mig och jag var tvungen att avgöra om jag hade utfärdat det eller inte. 90 % av dem var mina papper, men det fanns också förfalskningar, vilket är vad verkställande direktören hävdar. De anklagade utlänningarna, som jag kände åtminstone till utseendet, fick, om de verkligen befanns skyldiga, 2 månader till tre år, villkorligt, inte mer. Som jag redan nämnt fick jag i maj 2008 äntligen tag i utpressaren genom att återigen följa en förmodad kolportör efter att han fått en bekräftelse från mig. Med "kraftfulla" argument bönföll jag den här mannen att ta bort mitt nummer omedelbart och att aldrig ringa mig igen. Jag hade inte så mycket hopp, men han höll fast vid det av någon anledning och jag såg eller hörde aldrig från honom igen, utan hade också ändrat mitt mobilnummer. Jag hade aldrig kunnat ta reda på vad han fick ut av det eller inte. Våren 2010 fick jag plötsligt ett rekommenderat brev från Wiens åklagare - Wiens brottmålsdomstol. I den ombads jag att inställa mig som misstänkt på åklagarmyndigheten för förhör. Jag följde upp det och satte mig mittemot åklagaren. Jag anklagades för att ha utfärdat resultaträkningar som inte överensstämde med lagen. Eftersom denne medelålders man hade några filer framför sig, bläddrade han i dem och frågade mig om han kände till namnet han läste där och framför allt hur sådana tidningar kom till. Jag bekräftade då hans frågor, men bad honom visa mig bekräftelserna, där jag återigen kunde känna igen cirka 10% förfalskningar, vilket han också såg. Såvitt jag kan minnas var han med en andra gång i år. Det hela var bara förhör av en åtalad från åklagarens sida. Våren 2011 fick jag ytterligare ett rekommenderat brev, men den här gången från brottmålsdomstolen i Wien, dit jag skulle gå som åtalad. Jag träffade en domare där, åklagaren, som jag kände vid det här laget, och min offentliga försvarare, som vid mitt första möte med honom hade klagat på att han var tvungen att läsa igenom 6000 sidor med rättegångshandlingar inför rättegången. Nu kom det till denna förhandling, där naturligtvis alla sidor ställde frågor. Frågan om jag hade fått pengar för det här numret av tidningarna var av underordnad betydelse, precis som det var under åklagarens förhör. Jag lyckades övertyga domaren så bra som möjligt med mina svar och argument. Min advokat var mer motvillig, grävde bara ett prejudikat som hade väldigt lite att göra med mitt åtal. Åklagaren var lite mer ihärdig och ställde ganska pigga frågor. Resultatet av denna rättegång meddelade domaren att domen, 24 månaders fängelse, innebär inget fängelse. Efter att domen avkunnats instruerade han mig om mitt beslut om det; För att acceptera domen omedelbart, 3 dagar för att överväga eller överklaga omedelbart.

Det hade jag verkligen inte förväntat mig, för jag antog att jag kunde lämna domstolen som en fri man och oskyldig. Så jag tittade på min försvarsadvokat och visade honom 3 fingrar i 3 dagar för att tänka på det. Men när han såg att åklagaren såg min tvekan sa han att han skulle överklaga eller vidta rättsliga åtgärder. I februari 2012 ägde den andra förhandlingen rum inför den högre regionaldomstolen i Wien, där jag antog att domen skulle vara till min fördel. Så jag gick in i rättssalen vid den föreskrivna tiden och hittade en domarsenat. När mina uppgifter kontrollerades talade en av domarna till mig: Wiens brottmålsdomstols dom kommer att ändras till 16 månader villkorlig och 8 månader ovillkorlig. Min reaktion på det: Det kan inte vara så! Domaren sa: Om du inte förstod domen måste du vara häktad i 8 månader. För mig kollapsade en värld. Dels hade jag gett ut dessa papper i god tro tills jag blev utpressad, dels ville jag skydda min son som gick illa i byxorna. Jag hade nästan aldrig någon ekonomisk fördel och blev straffad för det. Naturligtvis frågade jag min advokat vad mer som kunde göras i detta avseende, men var tvungen att inse att det inte fanns någon överklagan till denna dom, bara en framställning. Men han gav mig omedelbart inget hopp om att något i detta beslut från den högre regionala domstolen skulle förändras till följd av en sådan framställning. Men jag bad honom göra det. Men det var också misslyckat. Så jag fick då ett brev från domstolen, där jag var tvungen att vara på fängelset Simmering senast den 10 april 2012, för att påbörja mitt 8 månader långa fängelsestraff.

2006 till 2011 handlar om vård

När min far dog i mars 2006, som redan nämnts, stod jag återigen inför en vräkning från min Garcionerre i 20:e distriktet. Nu, efter makens död, var min mamma helt ensam, och efter nästan 53 års äktenskap togs taket över huvudet bort, så vad återstod än att flytta in i en 75 kvadratmeter stor lägenhet med argumentet på min del att ge henne ömsesidig övervakning, eftersom hon var ganska deprimerad efter döden. Då kunde jag inte säga om mitt beslut var rätt eller inte, och hon hade redan haft 2 slag bakom sig. När hennes man gick bort vägde hon runt 80 kilo, var inte tjock utan tjock. Första året med henne i lägenhet var ganska bra, vi var och handlade, till doktorn och på undersökningar. Vid det här laget var hon tvungen att ta cirka

10 tabletter om dagen på grund av sina tidigare sjukdomar. Bland dem fanns en psykofarmaka, där jag var tvungen att gå till en neurolog snarare än en husläkare varje gång för att få receptet. Jag tror att det var utskrivet eftersom hon hade blivit allt mer deprimerad. Det skulle också sägas att jag gjorde mitt arbete i samma hus, bara åtskilda av en innergård. Betyder att jag var på bottenvåningen och hon var i lägenheten på första våningen. Under det andra året började hennes tillstånd att försämras snabbt, hon åt mindre och mindre och ville inte gå ut. Jag kan minnas ett avsnitt där vi två handlade i mataffären cirka 300 meter och hon kunde inte gå längre efter att hon betalat för köpet. Så jag satte ner henne i butiken, sprang de 300 metrarna tillbaka till butiken och hämtade min kälke som jag haft i flera år, körde in den i butiken, satte den på kälken med stor motvilja och körde hem den. Jag brydde mig inte om hur det såg ut. Du inte nödvändigtvis. Det hela såg ut som att jag tillbringade i lägenheten med henne från måndag till fredag och åkte till min familj i Niederösterreich på fredagskvällen, Gregor och Britta. Men eftersom hon inte nödvändigtvis borde vara ensam på helgen så kom min bror förbi två till tre timmar på

lördagen och det blev en fars nästan varje gång. En gång ringde han mig för att han inte kunde hitta medicinen, en annan gång på grund av lite trivialitet. Det vill säga, han var inte heller till stor hjälp för mig i detta avseende. Men sedan den växande depressionen, paranoian och demenssjukdomen tillkom blev vården av hennes person allt svårare, det vill säga att 24-timmarsvården utnyttjades fullt ut. På dagen, eftersom hon inte längre hade ett tidsbegrepp, sov hon och på natten när jag ville sova i nästa rum spökade hon i lägenheten. Behövde inte ens hämta henne i vardagsrummet vid midnatt eller senare och lägga henne i sängen igen. Dessutom hade hon inte längre överblick över vilka husgeråd hon hade. Det hände att hon vid 11-tiden på morgonen stod på balkongen och ropade mitt namn högt för att hon stod, Peter, behövde minst två tuber tandkräm. Sen kom jag in på gården, såg henne gestikulera vilt på balkongen och sa att hon skulle titta i lådan, vad jag vet låg det minst 10 tuber tandkräm där. Allt hon sa var att hon skulle veta vad hon behövde och inte jag. Så jag var tvungen att köpa 11 och 12 rören till henne direkt och omedelbart. Det gjorde jag aldrig, att jag gick och handlade. Enda gången jag behövde andas var de gånger då hon kom från ett sjukhus till det andra, så jag behövde bara besöka henne i ungefär en timme, för det fanns inget mer där inne. Det blev svårare och svårare för mig att prata med henne eftersom hon inte såg något perspektiv. På de enskilda sjukhusen tror jag att hon "besökte" nästan alla sjukhus i Wien, men de behöll dem i max 10 dagar, för fysiskt kunde de inte hitta något och vad psyket beträffade var det ingen som kunde hjälpa henne. Nu kom min kära bror, som jag, som sagt, inte hade någon kontakt med på ungefär 20 år, på den härliga idén att göra sin mor oförmögen. För att göra detta gick han till ansvarig tingsrätt och lämnade in ansökan. Min åsikt om detta var att hon verkligen fortfarande var sansad, även om hon redan var på god väg att bli galen. Så en kväll, efter förhandsbesked, kom en advokat från tingsrätten till vår lägenhet. Min mamma och vi två söner var på plats. I början ställde han sina frågor till min mamma, som svarade rätt på dem, men sedan fick min bror, som hade gjort ansökan, en ganska gedigen instruktion av denna advokat. Han sa att kvinnan var fullt sansad och varför han hade gjort ansökan, vilket han naturligtvis inte kunde svara på. Denna begäran avslogs därför. Fram till denna punkt var mitt förhållande till min bror fortfarande någorlunda väluppfostrat och sakligt. Efter det blev det värre och värre, till och med fysiska attacker från hans sida i närvaro av vår mamma. I september 2010 gick hon runt i lägenheten igen under dagen och ramlade i vardagsrummet. Jag var precis ute och gick just då. Då hade hon hemtjänst tre gånger om dagen i ca 4 år, eftersom jag inte alltid var där och resultatet blev ett nyckelskåp vid ingången till lägenheten, för självklart användes även hemtjänsten och räddningstjänsten. Dessutom hade hon ett armband med en nödknapp som hon kunde använda vid behov. Så den dagen kom räddningen, som också informerade mig om att något hade hänt min mamma, och de kom även in med nyckelskåpet. De förde henne sedan till sjukhuset, där det konstaterades att hon fått ett revben borrat in i lungorna när hon ramlade i lägenheten. Körde nu till närmaste sjukhus igen och pratade med överläkaren på avdelningen. Hon frågade mig om min mamma skulle vårdas 24 timmar om dygnet efter att hon släppts. Men jag var tvungen att svara nej på den här frågan, eftersom jag var fysiskt och mentalt utmattad inte bara på grund av det, utan också på grund av mitt beroende. Det skulle behöva skickas i förväg att min bror direkt efter min fars död i mars 2006 hade ansökt om plats på ett ålderdomshem åt henne. Det hade varit lättare för honom att se henne i ett hem en månad senare. När jag efter cirka 2 år fick ett löfte om hemmet i 20:e distriktet kände jag det här huset utan och innan, och hon torterade mig med beslutet om vad jag skulle göra: till hemmet eller inte. I detta avseende bör det noteras att detta hem var i en av deras välbekanta omgivningar och, eftersom det inte har funnits på plats länge, är det också mycket vackert. Mitt argument var att det skulle vara hennes eget beslut och att jag varken skulle avråda eller avråda från det. Min bror övertalade henne förstås genast att ta platsen. Efter några veckor och månader vägrade hon. Nu låg hon som sagt på sjukhuset och Wiens kommun letade efter en plats på ett äldreboende, vilket hon fick i slutet av 2010 i ett nyöppnat hem i 22: a distriktet. Där på 8:e våningen med hiss fick hon ett rum på cirka 20 kvadratmeter. Såvitt jag kunde se var hon en av de yngsta på den tiden, 78 år gammal. Det fanns ett allrum bredvid rummen där de intagna samlades för att skvallra eller spela spel. Jag minns att jag sa flera gånger att hon skulle gå ut från sitt rum och prata med de andra. Men hennes paranoia eller demens var så långt framskriden att hon inte ville vara runt människor, för de kunde göra något mot henne, som jag fick höra av henne på olika sjukhus när hon såg människor med vita rockar och som ville göra. något till henne. Hon tillät inte mitt argument att det bara var sjukvårdspersonal som ville hjälpa henne. Den 2 mars 2011 åkte jag hem till henne nästan varje dag för att hälsa på henne. Den dagen var hon knappt tillgänglig och jag kunde inte heller prata med henne. När jag körde hem hade jag mina föraningar. Under natten stängde jag som vanligt av mobilen. På morgonen när jag slog på den igen såg jag ett sms från hemmet. Min föraning bekräftades, hon somnade lugnt i armarna på en sjuksköterska den natten. Nu begravde vi vår mamma i samma grav där min pappa låg. Jag var nu ensam i en 75 kvadratmeter stor lägenhet med mina ägodelar och en hyra på knappt 500 €.

Maj 2011 Neocathomenat

Min relation till min mamma var inte precis som jag hade då, men hon fanns där för mig även i min barndom, om än i begränsad utsträckning. Så jag var i ett litet dilemma när det gällde henne. En vacker vårdag i början av maj gick jag längs Donaukanalen i mina gamla kläder en söndag, satte mig sedan på en bänk och började skriva på min mobiltelefon. Eftersom jag redan vid det här laget hade väldigt begränsad syn på grund av växande grå starr såg jag inte för mycket. Plötsligt mörknade solen som sken i mitt ansikte. När jag tittade upp stod det två personer framför mig som jag knappt kunde urskilja. En kvinna frågade mig om jag trodde på Gud efter att ha presenterat sig som Anna. Hon presenterade också den andra damen, men jag kommer inte ihåg hennes namn. Det skulle behöva skickas i förväg för att jag skulle ha undvikit en sådan diskussion när som helst. Denna fråga, som jag inte vill svara på här, resulterade i ett halvtimmessamtal och sa i slutet till mig: Jag bjuder dig nästa lördagskväll kl. 20.00. Jag skriver ner Wolfgangs telefonnummer åt dig, om något dyker upp under tiden. Vad var det? Två kvinnor som var drygt 10 år äldre än mig bjuder in mig. De berättade också att de var från den nykatolska, en del av den katolska kyrkan och inte en sekt. Okej, nu hade jag ett telefonnummer från en viss Wolfgang och en inbjudan. Vad ska det vara? Nu låg jag i sängen varje kväll och funderade på denna inbjudan. Så den här lördagen kom och jag trodde att jag hade pengar som ingen och såklart var jag nyfiken på vad det var. Så som vanligt åkte jag hemifrån tidigare och kom dit i 20:e distriktet vid 19:30-tiden. När jag kom in i hallen där det hela skulle utspela sig såg jag en man i andra änden av rummet som höll på att ställa upp hopfällbara stolar. När han såg mig vid dörren kom han fram till mig, räckte fram handen och sa att han var Wolfgang. Först då insåg jag att det här måste vara en präst, eftersom han var klädd i svart uppifrån och ner. När han sedan frågade vad jag hette blev jag lite förbryllad och jag började stamma och sa: Jag heter Eduard. Detta namn stannade hos mig ett tag, tills jag kunde övertala honom att kalla mig Edi. Han frågade också om jag kunde hjälpa honom att sätta upp fåtöljerna, vilket jag självklart gjorde gärna. Nu var klockan snart 20 och jag förväntade mig att det skulle dyka upp några äldre, de drygt 20 fåtöljerna stod klara och så satte jag mig på en av dem. Då öppnades den andra dörren till rummet och en tjej på cirka 16 år kom in med en gitarr på ryggen. Med tiden fylldes rummet upp och jag upptäckte att jag var en av de äldsta. När det hela började strax efter 20.00 var jag såklart tvungen att presentera mig, vilket jag aldrig hade gillat att göra förut. Det visade sig då att det var en nattvard med två läsningar och ett evangelium från Bibeln. Jag hade fortfarande i bakhuvudet att min mormor, som var katolik, ofta hade flyttat mig till mässa i katolska kyrkan under min skoltid och jag trodde redan då att det inte var något för mig, alla gamla människor, som bad och knäböja och be igen. Men det var lite annorlunda och inte bara deltagarna. De två läsningarna ur Bibeln förbereddes och lästes av de enskilda deltagarna själva. Wolfgang, som framställde sig själv som en präst, presiderade bara och fick läsa evangeliet och sedan analysera alla läsningar i en predikan. Vi, alla deltagare, kunde också meddela vad respektive läsning skulle ha sagt till oss och det frivilligt. Jag gillade också att gitarren inte bara var där för att titta på, utan att en sång alltid tonades mellan de individuella läsningarna, och vi sjöng med. Nåväl, detta avslutades runt 22.00 och jag fick besked om att det skulle hållas en ordliturgi på följande tisdag kl. 20.00. Efter att jag hade lovat mig den här typen av mässa åkte jag tillbaka på tisdagen. Jag blev sedan en bror till det som då var det 10:e samfundet i Neokathomenat, som jag också praktiserade i sju år och som personligen tillförde mig mycket. Processen i denna gemenskap var alltid densamma, 3 till 4 personer från denna grupp var tvungna att förbereda respektive liturgi eller eukaristin hos någon av de 3 till 4 personerna hemma några dagar i förväg och sedan presentera den dagen. Det var inte alltid lätt att hitta tillräckligt många för att delta. Vi hade också en gemenskapssöndag var eller varannan månad och ungefär två gånger om året en gemenskapshelg på ett hotell i Niederösterreich. När jag kom till det här samhället i maj 2011 hade det bara funnits i ett halvår. Man kände med andra ord inte varandra så väl, men detta förändrades med åren, då man hela tiden förberedde sig tillsammans med någon annan och på så sätt såg den miljö som han eller hon rörde sig i. Vid den tiden blev jag vän med två systrar, Maria och Giada. Maria föddes i Polen och studerade i Österrike, Giada var en ung utbytesstudent från Capri/Italien, runt 20 år gammal. Jag hade gjort mycket med dem båda, men Giada var tvungen att åka tillbaka till Italien sommaren 2012 när hon redan talade perfekt tyska. Det som förknippade mig med Maria var att hon ägnade sig åt mitt beroende lika mycket som jag gjorde, bara inte så överdrivet.

April 2012 fängelsestraff

Så den 10 april körde jag med mina tillhörigheter till 11:e distriktet för att påbörja mitt fängelsestraff, eftersom de blev färre och färre. Detta föregicks av att jag två månader tidigare hade ytterligare en vräkningsprocess med avrättningsdatumet den 10 maj 2012 på nacken. Så jag hade lite tid att lämna lägenheten i 20:e distriktet. Maria och min kollega, som jag kommer till senare, var till stor hjälp för mig eftersom jag var häktad då. När jag kom till häktet genomsöktes jag noggrant och lades sedan på sluten avdelning i en cell på cirka 10 kvadratmeter i par. I början fick jag instruktioner om vad jag skulle och inte skulle göra, samt fick jag besked om vilken avdelning det fanns. Det blev bara en timmes promenad på innergården under dagen, om vädret tillät. De första två månaderna hade jag förstås tillräckligt med tid, att prata med min medfånge var inte alltid lätt, så jag tog Bibeln och läste den från början till slut, trots grå starr. Efter två månader förflyttades jag till det avslappnade fängelsesystemet, där man kunde arbeta i häktet. Det var 6 till 10 personer i lokalen som hade arbetat på olika avdelningar. Men eftersom jag är en person som njuter av sin frihet lät jag mig förflyttas igen och hamnade i det fria. Det betyder att gå upp klockan 04:30 och köra från 11:e distriktet till barackerna i 14:e distriktet, där jag fick i uppdrag att arbeta i trädgården med andra fångar. Eftersom det inte precis var trevligt att stå i solen hela dagen i juli augusti 2012 längtade vi efter att arbetet skulle sluta vid 16-tiden. Efter det var vi tvungna att vara tillbaka i häktet vid 18-tiden. Gemenskapen jag gick med i ett år tidigare gav mig ett enormt stöd under den tiden. Detta tog sig uttryck i det faktum att för varje dag av mitt besök kom tre av mina nuvarande syskon på besök och gav mig tröst. Eftersom jag även haft möjlighet att tillbringa helgen utanför institutionen med friluftsavdelningen, kunde jag bland annat vara med på en gemenskapssöndag. Vad som också måste noteras här var att alla mina släktingar, inklusive några i form av 4 kusiner och en moster och farbror, inte dök upp under besökstiderna, jag vill inte ens prata om min bror, för han visste att jag sitter. Dessutom satte min syster Maria stor press på mig att försonas med mina föräldrar, eftersom jag gjorde henne skyldig för var jag var nu. Så det hände en söndagsmorgon när jag fick gå ut på det här samtalet vid 8-tiden. Jo, de var båda döda, vad ska jag prata om med stenar. Men eftersom kyrkogården låg i närheten av häktet steg jag av spårvagnen och gick till graven. Först visste jag inte vad jag skulle säga, men sedan tror jag att jag pratade med dem i ungefär en halvtimme och det slutade med att tårarna rann nerför kinderna. När jag gick tillbaka till spårvagnen kände jag mig 10 pund lättare. Sedan dess har jag slutit fred med mina föräldrar, även om de bara var stenar och ett ont ord om mina föräldrar kommer från mina läppar igen, det har jag inte rätt till, jag borde göra det bättre, men det verkar som om jag inte lyckades antingen, åtminstone tills nu. En morgon när jag körde tillbaka till baracken för att jobba hände en olycka med mig. Vi hade möjlighet att servera i kasernen. Det betyder att vi kunde äta frukost, lunch och då och då mat i form av burkar för kvällen. Nåväl, jag gick, som vanligt, för att äta frukost 06:30 och äta en rejäl färsk semla. Plötsligt märkte jag att min övre tand var bruten i mitten. Sålunda ordnade jag på kvällen i arresten att ett besök hos tandläkaren skulle tillåtas, eftersom mitt bett inte gavs. Jag fick det också och fick stanna på anstalten den dagen. Det ska skickas i förväg att jag inte hade sjukförsäkring under mitt häkte och att kostnaderna för eventuell behandling täcktes av rättsväsendets budget. Så jag kom till en tandläkare som inte nödvändigtvis var den bästa, men som hade belastat rättsväsendet mycket för att ha lagat mina tänder. Under tiden hade jag redan registrerat det, min grå starr förvärrades så mycket att jag till slut bara hade 2% syn. Det betyder att jag var tvungen att ta upp trottoarkanten med hjälp av fötterna. Jag antog felaktigt att denna operation också kunde göras under häktet, men två dagar efter frigivningen från häktet den 12 december hade jag rätt öga för operationen och en vecka senare det andra.

Avskedad 10 december 2012

Den dagen släpptes jag och stod nu på gatan med cirka € 700,- en vision på 2% och mina ynka ägodelar och utan tak över huvudet. Men eftersom en bror vid namn Werner hade erbjudit sig att flytta in i sitt kabinett i 8:e distriktet medan jag satt i häktet, tackade jag gärna ja. Han sa bara tills jag hittade något. Eftersom jag nu hade för mycket pengar på fickan så kliade det naturligtvis, jag hade inte ett sådant utseende under häktet, även om det nog hade varit baserat på tiden. Så det blev som det behövde, jag fortsatte spela och efter ett tag frågade broder Werner mig hur långt min lägenhetssökande hade kommit. Efter att ha sett att jag inte lagt alltför mycket iver i det ställde han mig med rätta ett ultimatum. Det lät jag passera också och därför fick jag ansöka till Wiens kommun om ett hemlösaasyl, som jag också fick i 16:e distriktet tillsammans med en tvåa i ett rum på 20 kvadratmeter. Enligt min fantasi hade jag föreställt mig att man inte skulle behöva betala något för det, men det var ett misstag. Absolut inte beloppet för en hyra, men det var åtminstone € 160 som jag kunde betala i början. Men med tiden var det inte längre möjligt. Trots sociala rådgivare tvingades de ta bort mig från huset. Och nu då? Så min arbetsgivare och vän Kamal erbjöd sig att inkvartera mig i källaren i sin verksamhet, utan toalett och vatten, eftersom året redan var framskridet och vintern var precis runt hörnet, var jag tvungen att acceptera det, naturligtvis utan vetskapen från den andre hemmafester. Jag var inte ensam där nere, jag hade även husdjur i form av möss som körde över ansiktet på mig ibland när jag sov. Det var nog då jag tänkte minst en gång i veckan vad jag levde för. Jag hade inte åstadkommit någonting, tvärtom, jag förstörde allt, vid 11 års ålder fick jag ljuga för min son att jag måste jobba i Berlin och ringde honom därför bara en gång i veckan från fängelset. Mina självmordstankar var redan då väldigt extrema. Mina bröder och systrar i samhället kände förstås också till hela eländet, men de kunde inte hjälpa mig heller, även om det gick så långt som kateketen.

24 december 2014 slut

Nu var det jul, en som det varit tidigare år. Jag sov i källaren, hade husdjur med mig och 20 € i plånboken. Det fanns fortfarande några matvaror, för med tiden kunde jag leva på 6 € om dagen för mat och rökning. Tja, vad gör man med dessa pengar, man går till närmaste spelhall och summan var borta. Vid denna tidpunkt beslutades i Wiens kommun att det lilla hasardspelet skulle avbrytas den 1 januari 2015. Betyder att alla maskiner som jag matat i över 30 år stängdes av, men bara i Wien och inte i Niederösterreich. Nåväl, det nya året kom, det fanns inga fler maskiner i Wien och pengarna var tillbaka i min ficka. Nu fick jag möjlighet att sätta mig på tåget, köra till en förort till Wien och fortsätta äta dessa hinkar. Men så var det inte, varför jag fortfarande inte kan förklara mig än i dag, men jag kommer absolut inte att ifrågasätta det. Med andra ord, efter drygt 30 år och de därav följande svårigheterna blev jag botad från detta beroende den 24 december 2014. Från den dagen hade jag aldrig mer rört en maskin. Jag kunde förstås inte svara på vad jag spelat bort över tid, men jag antar att det definitivt var ett 7-siffrigt belopp. Jag hade med andra ord betalat min skatt på vinst och omsättningsskatt med mitt jobb och det inte alltför sällan, i alla fall från min sida, men jag kan inte bedöma om detta hamnat hos respektive kontor som skattekontor och kommun. Det som var intressant var att när jag fick min tvångsuppehållstillstånd 2012 så behövde jag inte spela och knappast i frihet fortsatte det igen. Hur gick det nu? I februari 2015 letade jag efter en plats på hemlösajouren igen och fick den direkt i 16:e distriktet. Nu hände allt i snabb följd. Socialsekreteraren som tog hand om mig satte stor press på mig att bli tilldelad en gemensamhetslägenhet. Avgiften för platsen i € 160, - var inte längre ett problem, så de betalades regelbundet. Eftersom jag redan i januari 2013 presenterade en gemensamhetslägenhet så hoppades jag inte riktigt att det skulle fungera den här gången. 2013 bad de mig att bekräfta mina registrerings- och hyreskontrakt för de senaste tre åren. Jag kunde uppfylla registreringsbekräftelsen, men jag kunde naturligtvis inte tillhandahålla något hyresavtal. Argumentet att jag var österrikisk medborgare och född i Wien hjälpte inte heller. Jag var så rasande vid den tiden att jag lät mig ryckas med att säga att detta negativa meddelande borde skickas till mig, eftersom jag behöver detta papper för en specifik plats. Väl tillbaka igen. Socialarbetaren på det här hemmet bad mig att sätta in en viss summa där i huset månad efter månad för att jag skulle ha pengar till lägenheten när jag lämnade bostaden. Den 1 juli 2015 fick jag en liten lägenhet på 36 kvadratmeter i 20:e distriktet där jag bor än idag. Men eftersom jag nästan inte hade några möbler så fick jag köpa allt från inbyggnadskök till skåp. Eftersom lägenheten ligger på 5:e våningen hjälpte en sambo från hemlösajouren mig. Vad som var på gång, spelberoendet var borta, jag hade en egen lägenhet, där det inte finns några efterskott i hyra än i dag och framför allt hade jag plötsligt över 10 euro i plånboken. Det var en underbar känsla och ingenting har förändrats hittills. Med andra ord, jag väckte mig själv till liv, vad det var när jag var spelare, det skulle jag inte nödvändigtvis tillskriva det.

Februari 2016 normalt liv

I början av 2016 fladdrade ett vykort in i min brevlåda. Jag läste detta och upptäckte att det var en onlineportal där man kunde registrera sig gratis. Efter att det var gratis gjorde jag det också. Det hela var en hemsida med ett hundratal olika grupper beroende på deras intressen. Eftersom jag alltid har varit en nyfiken person tittade jag på grupperna och hittade cirka 4 till 5 grupper som pratade med mig. För två av dessa satte jag aktiviteter på 50+-klubbar och 60+-klubbar, vilket också motsvarade medlemmarnas ålder. Nu ordnade Helmut, administratören för gruppen 60+ Treff, restaurangbesök varannan vecka klockan 18.00 på kvällen. Varje gång på en annan restaurang. Eftersom jag inte kände till något sådant från mitt förflutna var det ett nöje för mig att alltid äta gott där och att skvallra i cirka 3 till 4 timmar med de 8 till 10 personer som var där. Den andra gruppen, 50+, var en utmaning för mig från början. Sedan skrev administratören, jag har glömt mitt namn, igen varannan vecka på fredag kväll klockan 18.00 ett möte i ett marknadsstånd i 3:e distriktet. I denna grupp låg fokus dock inte på mat, utan mycket mer på samhället. Men eftersom dessa möten inte var optimalt organiserade var det bara en handfull som kom till dessa sammankomster, men inte mycket mer var möjligt, det fanns inte tillräckligt med plats för fler i denna monter. Administratören Helmut från gruppen 60+ Treff gjorde detta mycket mer exakt fram till sin död 2019. Jag tog alltid med mig min vän Roman till båda mötena eftersom han var singel då, men jag återkommer till honom senare. Som sagt, det hände inte så mycket i 50+-gruppen och därför tog jag initiativet till att lägga ut möten online varannan vecka genom denna grupp. Gruppen hade runt 100 medlemmar vid den tiden och därför annonserade jag ett möte på ett matställe och inte i en marknadsståndsbuffé i portalen. I början var det kanske 7 till 8 personer från den här gruppen och självklart låg huvudfokus inte på mat, utan på samtal och samtal. Det var intressant att med var och en av dem var det genomgående fler kvinnor än män närvarande varannan vecka. Det betyder att det ibland hände att Roman och jag var de enda männen. Men efter att jag älskat att omge mig med kvinnor, vilket också var en ny upplevelse för mig, tog jag emot kvinnorna därefter. Det betyder att kyssas vänster och höger, där jag sedan insåg att detta hade en inverkan på den efterföljande kvaliteten på samtalet. Det var lite krångligt i början, men med tiden kom det fler och fler till dessa möten. Även antalet medlemmar i denna grupp steg stadigt, fram till slutet med drygt 500 medlemmar. Eftersom jag inte var administratör för den här gruppen, fanns det naturligtvis en fientlighet mot andra medlemmar i denna grupp, bland annat med argumentet att detta var ett partnerutbyte, vilket jag lade igen på hemsidan med motsvarande kommentarer. 2018 och 2019 hade jag tanken att man inte nödvändigtvis måste gå på krog, utan att det också finns kultur och lätta sporter. Dessa möten accepterades inte nödvändigtvis av medlemmarna. Det var kabaré, bowling, biljard eller minigolf, så inga tjusiga saker. Endast cirka 5 till 6 personer kom till sådana möten, så jag återvände till de lokala mötena. När pandemin kom 2020 hade vi vårt sista möte i 3:e distriktet i februari. Några månader senare fick jag besked av Pamela att hon inte längre kunde hitta gruppen 50+ Treff på hemsidan. Men eftersom sådana möten inte kunde äga rum med lockdown och andra restriktioner, märkte jag inte detta faktum.

Jag undersökte det och fann att både gruppen 60+ Treff, som dock inte hade några aktiviteter efter administratörens död, och gruppen 50+ Treff och dess medlemmar hade tagits bort från denna sida. Bakgrunden var, och det visade sig en tid innan, att mjukvaran (påstås Ubuntu) bakom den hade kraschat och ny mjukvara installerades via denna webbplats. Eftersom jag nu kallar mig programmerare, skrev jag till det här företaget, ägarna av denna sida, ungefär två gånger för att ta reda på vad som skulle ha hänt där. Svaret var att vissa gamla grupper inte längre gick att återställa. Självklart gjorde jag också min kommentar att detta mycket väl skulle kunna göras, men också med en enorm tidsåtgång, eftersom uppgifterna måste finnas tillgängliga, det är bara att läsa upp det och lägga till det i den nya portalen.

Dansevenemang hösten 2015

Min vän Roman, som jag känt i ett antal år, frågade mig en gång om vi kunde gå och dansa på Pensionärsföreningen i Wien på en lördag, vilket vi gjorde då. Och så gick vi och dansade varje lördagskväll antingen i 2: a distriktet eller i det 20:e distriktet tills pandemin kom 2020 och naturligtvis fanns det inga fler evenemang. Jag var inte pensionär på den tiden, men vad fan, jag gillade det, även om jag inte är en professionell dansare (hopplöst fall).

<u>Familj</u>

Jo, det hade jag nog i ungefär 10 till 11 år, men när jag gick på internatskola måste förhållandet ha försämrats, för där, vare sig jag ville eller inte, fick 90% av mina beslut fattas ensamma. När jag gjorde det var knappast någon vid min sida med råd. Om jag skulle ha accepterat det eller inte är också tveksamt. I min barndom hade jag en bra relation med mina 3 kusiner på helgerna, som är lite yngre än mig, med den fjärde hade jag bara kontakt två gånger, på egen begäran. Det betyder att jag såg de 3 tjejerna i 11:e distriktet nästan varje helg. När det gäller min bror var vi ett hjärta och en själ i cirka 16 år. Det förändrades när han sa att han måste ha en fru nu. När han var mellan 30 och 35 år gammal krävde han sitt arv kontant av sina föräldrar i min närvaro i Niederösterreich. Bakgrunden var att han nu var gift och hade två döttrar och sa att han måste bygga en tillvaro här och nu i Tyskland. Eftersom denna begäran uttrycktes med fysisk styrka, sa han adjö i drygt 20 år. Vi hade ingen kontakt med honom förrän strax innan vår fars död. Än idag har jag ingen kontakt med honom och jag vet inte om honom eller mig om var vi bor. När det gäller min son som nu är 20 år ska det sägas att jag 2012 inte kunde berätta att jag var häktad utan att jag var tvungen att jobba utomlands, han var då 11 år. Det hade jag och min sambo kommit överens om. Jag hade en bra relation med honom åtminstone tills jag tvingades stanna i 11:e distriktet, även om det bara var på helgen. Eftersom, enligt mig, en kär släkting till min ex-sambo meddelade honom var jag verkligen befann mig 2012, trots flera försök sedan april 2018, har jag inte haft någon kontakt, senast jag såg honom var den 15 juli 2017. Relationen med min mamma var faktiskt bara bra under de första åren av mitt liv, men eftersom vi var väldigt olika karaktärer förändrades det senast med internatet, men det förändrade inte det faktum att jag stod vid henne under de sista åren av hennes liv. Men det som slog mig mycket och som bekymrar mig än idag, att jag aldrig kunde prata med min pappa och han kunde nog inte prata med mig heller.

Vänner

Jag har under åren förvisso haft flera vänner som jag försöker klassificera här, även om jag egentligen inte har rätt till det, men som sagt, det är så jag ser det. Bland mina bästa vänner fanns säkert de från Niederösterreich, som jag visste redan när jag var 12 år gammal lärt. Men eftersom de var spridda över hela förbundsstaten Niederösterreich upphörde vänskapen efter cirka 15 till 20 år. När det gäller min wienska vän så vet jag fortfarande inte varför han aldrig hindrade mig från att bli spelberoende. Men jag vill tacka honom för att han inte skulle ha kunnat göra det. 2005 eller 2006 hade jag problem med min stativ-PC i butiken och eftersom pengarna vanligtvis var knappa letade jag efter en datorreparation, som jag också hittade i 20:e distriktet. Där kom jag till en källarbar två gator bort. När jag såg personen som hette Kamal insåg jag att det måste vara en arab och tilltalade honom på det sättet, eftersom jag hade handlat med dessa människor i flera år tidigare. Han svarade på mina arabiska ord och sa också att han föddes i Alexandria men nu är österrikisk medborgare. Ett eller två år senare flyttade han två gator ner till en restaurang på bottenvåningen, där han anställde mig en tid senare, han ansvarar för hårdvara och jag för mjukvara. Det var han som erbjöd mig skydd i källaren det året jag inte hade några. Ungefär ett år senare kom en lite äldre herre till vår butik i 20:e distriktet, som det visade sig var han 20 år äldre än jag. Han sa att han hade problem med sin egen hemsida, eftersom mjukvaran var anpassad kunde han inte längre sin väg och han ville lägga till några saker. Jag kanske skulle vilja se vad jag gjorde på plats. Där hittade jag en ganska stor hemsida som han själv jobbat med i flera år och jag läste mig in i det systemet. Till slut kunde jag äntligen åtgärda samtalsproblemen han hade med det nya systemet. En vänskap utvecklades från båda mötena, som fortsätter än i dag och som jag inte heller skulle vilja missa. Ja, kopplingar gjordes från grupperna 60+ klubbar och 50+ klubbar, men de bröt ut igen med pandemin.

Partnerskap

Det första samarbetet med min kollega på forskningscentret gjorde mig lite besviken, eftersom jag blev lite avvisad över att hon hade tvingat mig och ett barn att flytta under samma tak som hennes föräldrar, varvid hennes pappa accepterade mig mycket väl, men hans fru gjorde som var tvungen att veta allt irriterade mig lite. När det gäller min andra fru i mitt liv var hon otvivelaktigt kvinnan i mitt liv, annars hade partnerskapet inte varat i över 20 år. Att det gick sönder, trots 8-åriga sonen på den tiden, är nog till 95% mitt fel. Jag hade bara i efterhand upptäckt att vi aldrig pratade om oss själva och våra problem och sedan, som vi gjorde efter uppbrottet, var det allt för sent. Det kanske skulle ha förändrat något om vi hade uttalat oss tidigare. Jag vet inte. Eftersom gruppen 50+ Treff redan från början av mitt arbete för den här gruppen sades vara en slags partnerportal så blev det som det blev. Det var en fredag före pingst 2017, 8 år efter att Britta från Niederösterreich hade separerat från mig. Vi hade ett möte där igen i en bar och dess pubträdgård. Jag åkte dit som vanligt med min vän Roman. Sedan kom Pamela, en medlem av 50+ Treff-gruppen och ett år yngre än jag, och satt mellan Roman och mig. Under kvällens gång utvecklades ett engångssamtal mellan mig och Pamela och vi pratade och skrattade mycket, så att jag inte riktigt märkte de andra deltagarna längre. I processen märkte jag att varje gång vi hade något att skratta åt klappade hon mig på överarmen eller låret. Jag registrerade mig bra, men vad nu, för jag var inte den modigaste i detta avseende. Men jag tog mod till mig och frågade henne om vi inte kunde träffas någonstans på pingstlördagen för att gå en promenad, vilket vi också gjorde dagen efter. Jag föll ur molnen och gick till gemenskapsdagen i mitt samhälle på pingstsöndagen. Men eftersom det alltid var brukligt att såna här dagar, efter en kort bön, prata om stigen och sina egna erfarenheter av den, och att inför ett 20-tal personer, förstås frivilligt, började jag efter ett tag. Jag var som sagt 57 år och hade pratat med Pamela i telefon innan jag gick in i byggnaden. Så jag sa att jag led av en obotlig sjukdom som kunde drabba vem som helst och andra blommiga uttalanden från min sida. Jag såg mig omkring och förutom förvirrade ansikten kunde jag inte riktigt urskilja någonting. Vad pratade jag om? Jo, visst fanns det frågor och påståenden, som: du pratar som en 16-åring och en av de närvarande, en 22-årig student, frågade mig: Edi är du kär, vilket jag såklart kunde inte förneka. En månad senare, den 15 juli 2017, föreställde jag mig att Pamela och jag var ett par, jag åkte till min son i Niederösterreich för sista gången, vilket jag inte visste då. Eftersom han snart insåg att jag var överupphetsad, erkände jag för honom att det fanns en ny kvinna i mitt liv och visade honom även en bild på henne, vilket jag ångrade efteråt. På den tiden var Pamela redan på kur i Steiermark. När hon kom tillbaka fick jag reda på att en annan medlem i 50+ Treff-gruppen hade följt efter henne på denna kurort och Pamela hade tagit bort mig. Eftersom denna man inte heller nödvändigtvis var sällskaplig var detta partnerskap mellan Georg och Pamela bara tillfälligt. Jo, det blev fler möten och i augusti 2018 ägde ett möte rum på en Heuriger i 19:e distriktet. Några personer i den här gruppen och jag hade startat en grupp i Whatsapp och skickat oss bilder fram och tillbaka överallt. Så denna fredag kom en ny kvinna in i gruppen, som heter Anna, född i Polen och trevlig att titta på. Hon kunde skratta väldigt hjärtligt, vilket imponerade väldigt mycket på mig. Hon gick också med i vår grupp i Whatsapp och fortsatte sedan med roliga bidrag, vilket gav den här gruppen ett uppsving. En dag i september 2017 skrev hon att druvorna i det 22: a distriktet var mogna och att någon från denna grupp inte kunde hjälpa henne med druvskörden. Hon hade öronmärkt en dag för detta nästa helg. Svaret på detta var noll. Så jag tänkte för mig själv, varför inte, gå och läs vindruvor och boka tid i 22: a distriktet. Jag hittade verkligen en massa druvor som vi plockade under dagen och sedan förädlade till sirap och juice på kvällen. Men eftersom ingenting "sprang iväg" en lördagskväll gick tiden och vi blev ett par den dagen. I mitten av oktober, efter en månads partnerskap, sa hon att hon skulle känna sig mer bekväm om hon lämnades ensam, vilket jag var tvungen att acceptera. Bra eller inte, det sprack också, men det var alltid möten i gruppen och så i november 2017 i 3:e distriktet. Där var vi ett 20-tal personer, där vi hade lite platsproblem i den här restaurangen. När det hela var över vid 9-tiden gick vi, Roman och jag ut på gatan där två kvinnor, Tine och Julia, stod. Plötsligt frågade Tine: Vad gör vi nu? Jag var lite förbryllad eftersom jag inte hade förväntat mig en sådan fråga från en kvinna. Nåväl, så vi gick till ett närliggande café och stannade där i ungefär en timme. Sedan fick Tine reda på att jag var upptagen med datorer och hon sa om jag kunde åtgärda problemet med hennes dator hemma hos henne, vilket hon antog efter att ha angett sin adress i 14:e distriktet. Kvinnan var ungefär två år äldre än mig och inte nödvändigtvis smal. Den här reparationen av datorn eller det här besöket blev mer, även om jag inte nödvändigtvis gillade det från utseendet. Den mesta tiden tillbringade jag med henne och med henne. Hon hade en ny lägenhet, men kände sig tydligen inte riktigt hemma där, vad jag kunde se, för hon var alltid tvungen att gå ut för att köpa något eller bara för att åka någonstans, hon var en passionerad förare. Under den här tiden överöste hon mig med kläder och annat och hade alltid betalat på krogen. När jag frågade henne att det ville jag inte, eftersom jag hade tillräckligt med kläder i mina lådor under tiden, var hon lite nervös. Så en helg körde hon till sin syster i djupaste Burgenland och ringde från bilen på väg dit. För mig var det som bröt tunnan. Hon hade bestämt allt utan att rådfråga mig och sa att hon kunde köpa min kärlek med massor av presenter. Så det här avsnittet var också över. Sommaren 2018 gick jag och Roman på dans i 1: a distriktet, båda singel, vi hade känt till evenemanget länge och framför allt de två arrangörerna. När vi kom dit fanns det nästan ingen plats kvar så vi fick båda slå oss ner vid ett bord där två kvinnor redan satt. Den ena hette Graziella (delvis italienska föräldrar) och jag minns tyvärr inte namnet på den andra. Nu när vi satt vid samma bord var jag också tvungen att be damerna att dansa och så satt Graziella och jag snart bredvid varandra och hon berättade att hon hade problem med sin PC. Jag kände till argumentet väl vid det här laget och Graziella var mycket äldre än mig, men bekräftade ändå att jag skulle se det i hennes hem i 16:e distriktet. Även där blev det samma resultat som med Tine, vi kom ihop. Hon hade ett långtidsarrende i 17:e distriktet med ett litet hus i den motsvarande stora trädgården, där man inte kunde röra sig lätt inför en enorm mängd växter och träd. Dessutom hade hon vinrankor ovanför takterrassen, där vi även skördade druvorna och sedan bearbetade dem, återigen en aha-upplevelse. Eftersom det inte bara gick att röra sig i trädgården gällde det även inredningen i huset och slutligen även din lägenhet. Samarbetet var därför tidsbegränsat. Jag är inte direkt någon putsdåre själv, men jag vill kunna röra mig i ett rum, som var tillräckligt trångt 2012 i alla fall. I början av november 2018 lämnade jag denna förbindelse i all hast en lördagsmorgon efter frukost. Jag föll ner i ett djupt hål vid det här laget då jag var tvungen att undra vad jag gjorde för fel. 4 kvinnor och med alla gick det inte, var det mitt förflutna, var det min "rikedom"? Nåväl, det var ytterligare ett dansevenemang i slutet av november, lördagen den 24 november 2018. Min vän

Roman övertalade mig att gå på den här dansen i 2: a distriktet. Men jag kände inte för det. Till slut kom han mig så långt. Vi satt vid ett bord med ca 8 personer. Mitt emot mig såg jag en blond kvinna som enligt mig var i sällskap med en äldre herre. Jag hade inte dansat särskilt mycket den kvällen från 18:00 till 21:00 till levande musik. Mot slutet kom damen i fråga tillbaka till bordet och sa till Roman och mig om vi inte alls ville dansa där. Jag hade bara dåligt förstått detta uttalande och reagerade därför inte. Roman hoppade genast upp och gick och dansade med henne. Nu var denna tillställning över och vi gick till garderoben. Plötsligt stod den här kvinnan, som hette Ully, bredvid mig och frågade: Ska du följa med mig och då menar jag Roman och jag. Efter att det var lördagskväll och inte heller sent hade jag inget emot att följa med, och det sa jag till Roman också. Han gick också med på det och så efter ett långt letande hamnade ca 8 personer på en bar i 1: a distriktet. Innan hon gick till garderoben gav hon Roman sitt mobilnummer, som jag bara registrerade marginellt. Nåväl nu satt vi Ully bredvid mig i den här baren och Roman höll en föreläsning om shamanism och energi. Under kvällens lopp visade det sig att Ully inte hade kommit med den äldre herren, utan med sin vän Monika. Så fort jag registrerade detta blev jag lite generad, vilket jag gillade med damen. Nu hade Roman hennes nummer, men jag kunde omöjligt be om det. Så jag tog ett visitkort från restaurangen och skrev mitt telefonnummer på baksidan. När jag lämnade restaurangen gav jag henne det här kortet, vilket även Roman märkte tyvärr. Så jag var i djävulens kök och Ully hade två mobilnummer från mig och Roman. Nästa dag, söndag, väntade jag för att se vad som hände. Det hände ingenting på morgonen, men vid 02-tiden var mobilen och Ully var på linjen. Hon frågade mig om vi inte ens kunde gå och ta en kaffe. Mitt svar på detta: Omedelbart och omedelbart - du har en paus i sändningen. Ja, hon måste fortfarande fixa något och ringer mig tillbaka om en timme. Men det var inte en timme, bara en halvtimme och vi träffades på ett kafé i 20:e distriktet. Sen gick vi på bio där och eftersom det inte räckte gick vi även till en lounge på plan 1. Jag berättade för henne, eftersom jag var van vid det, allt om mitt tidigare liv, som kanske inte nödvändigtvis var produktivt. Plötsligt vände hon sig mot mig och kysste mig på kinden. Vi har varit ett par sedan dess, även om det är någon åldersskillnad med några år.

Varför? För jag tror att hon är den bästa av de fyra kvinnorna innan.

Nykatolsk slut

När jag gick med i kamratskapet eller stigen 2011 stod det klart från början att det skulle ta cirka 30 år att gå denna väg. Nu 2017 denna pingsthelg var jag tvungen att göra mina erfarenheter, vad tolkningen av partnerskap på detta sätt innebär och därför blev jag lite grubblande. När min syster Maria från samhället tog livet av sig i april 2018, efter 7 års tillhörighet, bestämde jag mig för att avsluta vägen och gjorde detsamma i maj 2018 på en Vesper för den avlidne. Min tanke i detta avseende var att jag inte längre kunde hålla med om vissa argument längs vägen. Det gällde naturligtvis tolkningen av partnerskap, såväl som hur man kan levandegöra tro. Är jag nu troende eller inte: Denna fråga kan inte och jag vill inte svara här, framför allt kan den enskilda individen själv? För min del försöker jag nu leva tron efter att ha lämnat samhället. Sedan dess har jag fortfarande varit i kontakt med Gud, även om detta bara uttrycks i tysta böner med honom.

Kunder

Under mitt liv har jag säkert haft flera hundra kunder som jag alltid behandlar med respekt och artighet, oavsett om de är inhemska eller utländska. När det gäller kundkretsen då jag sålde tidningar och tidskrifter har jag haft flera negativa erfarenheter. Eftersom 99% av dem alltid var utlänningar behövde jag inte ens titta på mina pengar, eftersom folket hade åkt till sitt hemland och ignorerat mina krav. Mina kunder, som jag redan är en helt annan inom datasektorn, blir alltid glada när de ringer mig. Du vet att jag inte vilar förrän problemet är löst och det kan ta tid. Men jag minns inte en kund från den tid då jag skapade mjukvara. Det här är bosatt i Tyskland, men av en annan härkomst. Hans tre företag inkluderar en tandläkarmottagning, ett dentallaboratorium och en tandläkardepå. Hösten 2010 kom hans medarbetare från tandläkarbutiken till vår butik. Bakgrunden var att beräkningsprogrammet inte fungerade längre och han frågade om jag kunde fixa det. Eftersom den här mannen inte nödvändigtvis hade kommersiell kunskap, fann jag att det här programmet inte längre gick att spara. Nu hade jag märkt att det hela i princip bestod av tre företag med en stor variation av tillvägagångssätt. Som en del av vårt företag i 20:e distriktet skapade vi alltså ett erbjudande för alla tre företag med ekonomi- och lagerredovisning, öppen artikelhantering. Kund- och leverantörsavropshantering och mycket mer. Jag presenterade detta för chefen och han började acceptera enskilda delar av detta erbjudande och avvisa andra. Men eftersom jag alltid har ambitionen att skapa allt till 100% så var det också i det här fallet och givetvis även med hänsyn till att beslutet togs att acceptera en annan del av vårt erbjudande. Men eftersom mjukvaran inte är statisk anpassades programmet ofta. Så jag gick till hans tandgrossist upp till fyra gånger i veckan för att göra detta, varje gång för ett tack i sju år. Eftersom de anställda som var närvarande där inte nödvändigtvis var köpmän kunde de inte genomföra den årliga inventeringen. Det betyder fram till inventeringen 2017, detta genomfördes av mig med hjälp av de närvarande där. Men eftersom jag av min kommersiella erfarenhet vet att något sådant bör göras inom max två dagar, hade jag mina svårigheter i detta avseende. Den sista inventeringen genomfördes i etapper inom två veckor. Det var på förhand överenskommet att den av oss lämnade fakturan skulle betalas tre gånger. Det första delbeloppet med ett tresiffrigt belopp i euro har betalats, resten är fortfarande öppet. Klientens argument var att mitt program inte fungerar, vilket i grunden motsäger sig självt. Å ena sidan fungerade mjukvaran felfritt i sju år och å andra sidan använder de den än idag och har även använt den i fyra år. Så vi kom tillbaka till en bra 4-siffrig. Till och med ett brev från en advokat som hotade med ett betalningsföreläggande blev obehörigt. Angående mina nuvarande kunder, som jag tar hand om som en del av vår verksamhet idag, låt mig säga att de är helt entusiastiska över mig, eftersom de vet vad de får av mig. Å ena sidan är detta inte bara det snabba mötet, utan också kundens vetskap om att jag inte ger upp förrän jag har hittat en lösning. Det kan mycket väl vara så att det tar tid, men jag blir också glad varje gång jag ser att det fungerar.

Återuppta

Du som läsare kanske nu tror att du har läst detta är inget liv. Ja, det kan det vara, men som redan nämnts, det var bara mina beslut, om de var rätt eller fel, kan alltid bara avgöras i efterhand. Så nästa fråga uppstår, om jag är nöjd. Men eftersom det är en rent subjektiv bedömning så skulle alla svara olika på detta. Jag är glad. Varför? När jag tänker på tiden för mitt missbruk var det inte riktigt det som kallas livet, så jag är glad att jag tog mig igenom den här perioden. Hur jag klarade det då är fortfarande oklart, men jag är glad att jag tog mig igenom den tiden. Om jag är nöjd, som jag formulerade det i min 1: a bok, förblir obesvarat. Anledningen till detta är att min närmaste vän separerade från mig på egen begäran efter drygt 10 år, vilket jag än idag inte förstår. Jag vet inte vad mer livet har förberett för mig, men inget mer kan faktiskt komma som skulle skaka mig.

© 2021, Eduard Wagner
Produktion och utgivning:
BoD - Books on Demand, Norderstedt
ISBN: 9783755760979